U0727798

民族之魂

尊人卑己

陈志宏◎编著

延边大学出版社

图书在版编目（CIP）数据

尊人卑己 / 陈志宏编著 . -- 延吉：延边大学出版社，2018.4

（民族之魂 / 姜永凯主编）

ISBN 978-7-5688-4509-0

Ⅰ . ①尊… Ⅱ . ①陈… Ⅲ . ①品德教育－中国－青少年读物 Ⅳ . ① D432.62

中国版本图书馆 CIP 数据核字（2018）第 069086 号

尊人卑己

- -

编　　　著：陈志宏

丛 书 主 编：姜永凯

责 任 编 辑：王　静

封 面 设 计：映像视觉

出 版 发 行：延边大学出版社

社　　　址：吉林省延吉市公园路 977 号　　邮编：133002

网　　　址：http://www.ydcbs.com　　E-mail：ydcbs@ydcbs.com

电　　　话：0433-2732435　　　　传真：0433-2732434

发行部电话：0433-2732442　　　　传真：0433-2733056

印　　　刷：唐山新苑印务有限公司

开　　　本：640×920 毫米　　　1/16

印　　　张：8　　　　　　　　字数：90 千字

版　　　次：2018 年 4 月第 1 版

印　　　次：2018 年 9 月第 1 次印刷

ISBN 978-7-5688-4509-0

- -

定价：29.80 元

人有灵魂，国有国魂；一个民族，也有民族魂。

鲁迅先生曾经说过："唯有民魂是值得宝贵的，惟有他发扬起来，中国才有真进步。"

鲁迅先生以笔代戈，战斗一生，曾被誉为"民族魂"。

民族魂，顾名思义，就是一个民族的灵魂！民族魂，是一个民族的精髓，是体现一种民族的精神，是一个民族生存和存在的精神支柱。

什么是中华民族的民族魂？那就是中华民族精神！她是中华民族凝聚力的理念核心，是中华文明传承的基因。她包含热烈而坚定的爱国的情感，对生活的美好愿望和追求，为目标努力奋斗的拼搏毅力，为正义事业不惜牺牲自己的精神，以及正确的人生观和价值观。

前 言

翻开浩瀚的中国历史长卷，不乏看到数不胜数的、体现民族精神、民族魂的诸多英雄人物和可歌可泣的感人故事。

民族魂，不仅体现在爱国主义精神和行动中，而且体现在各个领域自强不息的民族奋斗中。而中华民族精神的力量，更是深深植根于延绵几千年的传统文化之中，始终是维系中华各族人民共同生活的纽带，是支撑中华民族生存和发展的精神支柱，是不断地推动着中华民族前进的强大动力。

民族魂体现在"重大义，轻生死"的生死观中；民族魂体现在"国家兴亡，匹夫有责"的使命感中；民族魂体现在"我以我血荐轩辕"的大无畏精神中；民族魂

体现在将国家利益置于最高的爱国情怀中！

纵观中华五千年文明史，曾经有多少杰出的政治家、军事家、思想家、文学家、科学家、艺术家；曾经有多少忧国忧民、鞠躬尽瘁的仁人志士；曾经有多少抗击外敌、英勇献身的民族英雄。他们或顺应历史潮流，积极改革弊政，励精图治，治国安邦，施利于民；或为人类进步而不断进行着农业、工业、科技、社会等各种创新；或开发和改造河山，不断创造着灿烂的中华文明；或英勇反击外来侵略，捍卫着国家主权和民族尊严；或坚决反对民族分裂，维护国家的统一……他们从不同的侧面，体现了中华民族的民族魂，谱写了几千年中华文明的壮丽诗篇，铸造了中华民族高尚而坚不可摧的"民族之魂"。

民族魂，就是爱国魂！从屈原在汨罗江边高唱的《离骚》，到文天祥大义凛然赴死前的"人生自古谁无死，留取丹心照汗青"诗句；从岳飞的岳家军抗击入侵金兵，到郑成功收复台湾；从血雨腥风的鸦片战争，到硝烟弥漫的十四年抗日到抗美援朝的隆隆炮声……哪个为国捐躯的英雄不是可歌可泣的？

民族魂，就是奋斗魂！从勾践卧薪尝胆，到司马迁秉笔直书巨著《史记》；从鉴真东渡传播佛法终在第六次成功，到詹天佑自力更生建铁路；从袁隆平百次实验成为"水稻之父"，到屠呦呦的青蒿素获得诺贝尔奖……哪个不是历经艰难，最终取得成功？

民族魂，就是改革献身魂。从管仲改革，到商鞅变法；从王安石变法到百日维新。哪次变法图强不是要冲

民族之魂

破旧势力的阻扰，或流血牺牲？

民族魂，就是创新魂。古有毕昇发明活字印刷，今有王选计算机照排；古有指南针、造纸术、火药、浑天仪、地动仪的发明，今有神州号的相继飞天！哪个不是中华民族的智慧结晶！

自古以来，多少仁人志士为了维护人格的尊严和民族气节，以生命为代价！留下了"玉可碎不可污其白，竹可断不可毁其节"的称颂；有多少英雄豪杰，为理想和事业奋斗，面对死亡的威胁，大义凛然；有多少爱国壮士面对侵犯祖国的列强，挺身而出而献出生命。

伟大的中华民族孕育了五千年的辉煌，五千年的历史留下了璀璨的中华文明。

前 言

中国人的血脉流淌着顽强不屈的精神！我们的先辈用血汗和生命铸就了不朽的中华民族魂！换得如今中华大地的一片祥和安宁，换得我们现在的幸福生活。如今，我们要实现习主席提出的"中国梦"，依然需要我们秉承祖辈留下的这种"民族魂"。

青少年是国家的希望，亦是民族的未来。因此，爱国主义教育和励志图强教育要从青少年开始。为了增强对青少年的民族精魂和志向教育，我们精心编写了本套丛书——《民族之魂》丛书。

本套丛书将我国有史以来体现民族精神和民族魂的典型事迹，以通俗易懂的语言故事形式展现出来，适合青少年的阅读水平和欣赏角度。书中提供的人物和事件等故事，涉及到社会的各个方面，有利于青少年学习和

理解，使读者能全方位地领悟中华民族精神。

为了帮助读者更好地理解和吸收故事的精神，在每篇故事后还给出了"心灵感悟"，旨在使故事更能贴近现实社会，让读者结合自身的需要学习领会，引发读者更深入的思考。

希望读者们从本套图书中获得教益，通过阅读，真正体会到中华民族之魂所在，同时能汲取其精华，不断提升自己各方面的素质和品格，为祖国新时代的建设和发展做出努力。

全套丛书分类编排，内容详尽，风格独具，是公民尤其是青少年爱国励志教育的优秀阅读材料。相信本套丛书一定可以成为青少年朋友的良师益友。

民族之魂

    谦虚，历来是中华民族传统文化道德的重要内容之一，谦虚是中国人一直提倡和推崇的可贵品德。在《易经》里，"谦"的上半是坤卦（属地），下半是艮卦（属山），山在地下是谦虚的形象，所以叫"地山谦"。

    自古以来，我国就有许多关于谦虚的格言警句启迪后人，如《尚书·大禹谟》有中："满招损，谦受益，时乃天道。"另外还有，"谦虚使人进步，骄傲使人落后"，"虚心竹有低头叶，傲骨梅无仰面花"等语。所谓"谦谦君子，温润如玉"。在《易经》六十四卦里，再吉的卦也有不吉的爻，唯有"谦"卦六爻皆吉，《易传·谦·象》对此有精妙的阐释："谦，尊而光，卑而不可逾。"把"卑而不可逾"译成一句白话就是：谦虚，是不可战胜的！

    谦虚不是虚伪，更不是虚弱，而是放开心胸容纳他人、尊重他人；谦虚不是退避，更不是推诿，而是虚怀若谷地精益求精，不耻下问地向他人学习；谦虚是低姿态，但谦虚不等于妄自菲薄，妄自尊大和妄自菲薄都是极端的心态，都是不应有的心态。盲目的谦虚如梦中呓语，怯让的谦虚压抑人的个性，损伤人的自信。

谦虚不仅应成为一种学习态度，也应是做人的原则，谦虚的人既能尊敬他人，也能受他人尊敬。时时把他人视为能帮助自己的人，便能处处遇到"贵人"。谦虚之人永不自我满足。谦虚之人必定勤奋好学。孔子曾有："发愤忘食，乐以忘忧，不知老之将至云尔。"谦虚之人善于取长补短，《警世通言》中有一句警言："强中自有强中手，莫向人前满自夸。"告诉人们，尽管你是一个强者，可是一定还有比你更强的人，所以不要在别人面前骄傲自满，自己夸耀自己。

　　提倡谦虚的态度，不是让我们有成就埋没不敢承认、本领埋没不敢施展，而是提示我们要看到自己还有的不足，应继续努力。所以，养成"虚怀若谷"的胸怀，保持"谦虚谨慎、戒骄戒躁"的精神。

　　在本书中，我们精心选编了历史上反映"谦虚"精神的一些经典故事，希望读者通过阅读此书，从中受到启迪和教益。我们要学习故事中人物的精神，在现实生活中正确认识自己，能看到自己的不足；善于发现和学习别人的优点和长处。在名利面前，要正确对待个人、他人和集体利益的关系；要懂得谦让，不居功，不争名夺利。在与人的交往中，做到互相尊重，这样有益于与他人的合作共事。谦虚谨慎，不骄不躁，注重自身的修养和综合素质的提高，成为对社会有所贡献的人。

目录
CONTENTS

第一篇　为人处世谦逊有德

2　范宣子谦让领风尚

5　高颍有功谦逊推功

9　茅盾谦逊写《红楼梦》洁本

13　欧阳修改写《醉翁亭记》

18　扁鹊不受"天下第一神医"称号

21　老舍自谦"文艺界的小卒"

第二篇　虚怀若谷不耻下问

28　孔子虚心拜少年为师

34　华罗庚主张"弄斧到班门"

38　贾思勰养羊请教羊倌

42　叶天士埋名学医术

48　程砚秋虚心拜轿夫

52　大将军李相拜"一字师"

55　萨都剌千里求一字

60　周文王求贤背姜子牙

第三篇　兼听则明偏信则暗

68　"苏黄"教学相长

72　何澄听童言改画

76　范仲淹兼听则明

81 齐已拜郑谷为"一字师"

85 白居易巫山不留诗

89 李谟虚心求教成"神笛手"

第四篇 自谦戒骄美德受赞

94 孔子"破满"以物喻人

97 房玄龄一生谦和

103 柳公权拜师无臂汉

108 钱钟书治学谦逊

112 戴嵩画牛细观察

第一篇
为人处世谦逊有德

范宣子谦让领风尚

范宣子（？—前548），春秋时期晋国人。本姓士氏，名丐（一作匄），因祖父辈受封于范地而改姓范氏，名宣子。其祖父士会曾在晋成公时任上军将，景公时任中军将，执掌国政。其父士燮（范文子）历任上军佐、上军将、中军佐。范宣子历仕晋悼公、平公二世，终任中军将，执掌国政，为晋悼公恢复霸业作出了贡献，同时，他在晋国刑法建设方面，起到了划时代的作用。

晋悼公十三年（公元前560年），晋国的中军将荀罃去世。按照惯例，应为中军佐范宣子升任到这个职位上。然而范宣子认为，下军将荀偃比他年长，而且经验丰富，更适合任中军将。范宣子对于晋国谦让的风尚起到了重要的促进作用，使晋国出现了"其卿让于善，其大夫不失守，其士竞于教，其庶人力于稼穑，商、工、皂、隶不知迁业"的可喜局面。并使晋国与各个诸侯国和睦相处，战事减少，对内增强了国家的凝聚力，对外则增强晋国的威慑力。

晋平公四年（公元前554年），荀偃辞世，范宣子继任中军将，开始执掌国政。这时，早在晋悼公时期就已产生的范氏与栾氏矛盾逐渐激

化。在当时的列卿中，栾氏与公室的关系最密切，因为栾书有杀厉公立悼公的功劳。栾氏恃功骄横，结怨甚多，而范宣子谦让有礼，因此列卿中的人多结好范氏。于是，栾书的孙子栾盈便广蓄死士，筹划"倒范"。当阴谋败露后，范宣子将栾盈驱逐出境，捕杀了栾党箕遗、黄渊、嘉父、司空靖、邴豫、申书、邴师、羊舌虎、叔罴等十人，叔向、伯华、籍偃等也被牵连入狱。栾氏余党逃亡国外。

晋平公八年（公元前550年），栾盈潜入晋国，在齐国的配合下发动了倒范活动，最终被范宣子杀死，栾氏党族尽灭。

范宣子剪除栾氏党族的行为，在当时是非常有必要的，他果断处理政变的行为，既避免了晋国内部的一场恶战，又避免了国力的消耗，对国家的安宁及百姓的生活都有益处。

在范宣子执政时期，他除了果断行事外，还善于听取各种批评意见，并勇于改正自己的错误。他能虚心执政，冷静视听，从善如流，闻过则改，及时修正不合宜的政策，这也正是范宣子能在晋悼公霸业衰落、公室枝叶歧生的不利形势下，让晋国得以在列国争斗中稳住阵脚的一个重要原因。

■故事感悟

范宣子是春秋时期的名臣，他以一人谦让之德带领了晋国的谦让风尚，从而延长了晋国称霸的时间。他的个人品德也一直被后人称道。

■史海撷英

子产劝范宣子轻币

春秋时期，晋国长期处于霸主地位，其他诸侯国都要按时按数向晋国缴纳贡品。

有一年，郑简公到晋国去，子产便托随行的子西带去一封信，将这件事告诉范宣子。信上说："您治理晋国，四邻诸侯不是听说您的美德，而是听说您经常收很贵重的贡品，我对此感到困惑。我听说，君子掌管国家和大夫家室事务的，不是为没有财货担忧，而是为没有美名担忧。诸侯的财货聚集在晋国国君的宗室，诸侯就离心。如果您依赖这些财货，晋国人就会离心。诸侯离心，晋国就垮台；晋国人离心，您的家室就垮台，为什么执迷不悟呢？那时哪里还需要财货？说到美名，它是传播德行的工具；德行，是国家和家的基础。有基础就不致垮台，您不也应当致力于这件事吗？有了德行就快乐，快乐就能长久。'快乐的君子，国家的基石'，说的是有美德啊！'上帝监视着你，不要使你的心背离'，说的是有美名啊！用宽恕的心来显示德行，美名就会载着德行走向四方，因此远方的人闻风而至，近处的人也安下心来。宁可让人说'您的确养活了我们'，而能让人说'您榨取了我们来养活自己'吗？象有牙齿而毁灭了它自身，就是由于财货的原故。"

范宣子读了子产的信，认为子产的话很有道理，于是减少了各国诸侯应缴纳的贡品。

■文苑拾萃

诗经·国风·召南·摽有梅

摽有梅，其实七兮。
求我庶士，迨其吉兮。
摽有梅，其实三兮。
求我庶士，迨其今兮。
摽有梅，顷筐塈之。
求我庶士，迨其谓之。

高颎有功谦逊推功

高颎（？—607），字昭玄，又名高敏。渤海蓚县人。北齐皇室宗族。西魏大统年间其父背齐归周，遂仕于北周。北周灭齐后，以功拜开府。周天元崩后，外戚杨坚把持朝廷大权，将其引为相府司录。此后助杨坚平定尉迟迥叛乱，为隋朝的建立立下汗马功劳。隋受周禅，又被拜为尚书左仆射，进封渤海郡公。开皇九年，隋大举伐陈，高颎为元帅长史，是大军实际上的统帅。

589年，隋文帝杨坚灭掉陈国，重新统一了中国。

一天，杨坚召见群臣，意欲论功行赏。大将韩擒虎和贺若弼两人在大殿之上争起功来，互不相让。贺若弼称自己交战最多，消灭了敌人的有生力量；韩擒虎讽刺贺伤亡过大，而自己只用五百轻骑便拿下了金陵，端掉了陈国的老巢。杨坚听了哈哈大笑，说："贺将军歼灭敌人主力，韩将军倾其巢穴，二位都立了汗马功劳。"说罢，各赐财物。

其实，灭陈之策都是左仆射高颎所献，以后他又以元帅长史的身份进兵江南。这些情况，只有隋文帝一人知道，贺韩二将争功时，高颎一言不发，隋文帝说道："若论灭陈之功，高颎最大。"随即赏赐给高颎更多的财物，并进爵为齐公，又对他说了些亲近的话。

这样一来，韩、贺二将都很不服气，心想：我等武将，浴血奋战，九死一生，到头来反不如他高颎一个文官。他们嘴上不好明说，但那表情已透露了心迹。杨坚看在眼里，却不露声色，只是招手叫贺若弼和高颎同到自己身边，说："请二位直言相告，此次灭陈之役，我们所以能取胜，原因何在？"他的本意是让高颎把自己的功劳说出来，压压贺若弼等将官的气焰。

贺若弼觉得高颎地位比自己高，自己不便抢先发言，只得用双眼紧盯着高颎，心想：看你有何话说。只见高颎恭恭敬敬地向文帝拜了几拜，说："贺若弼先献灭陈十策，后又在蒋山苦战，堪称灭敌主力。臣不过是个文官，不曾上前线打过一仗，怎么能同大将争功呢？"

贺若弼听了很是意外，得意之余，也觉惭愧。隋文帝听了高颎的话十分高兴，连连地赞扬他的谦让精神。韩贺二将羞愧地低下了头。

■故事感悟

杜佑纵观历代名相，曾做这样的评价："历观制作之旨，固非易遇其人。周之兴也得太公，齐之霸也得管仲，魏之富也得李悝，秦之强也得商鞅，后周有苏绰，隋氏有高颎。此六贤者，上以成王业，兴霸图，次以富国强兵，立事可法。"如高颎般名相亦谦虚如此，何况常人呢！

隋文帝惧内

隋文帝杨坚虽然一生平定南北，叱咤风云，并最终统一天下，但对一个女人他却不得不畏惧三分。这人就是他的老婆独孤皇后。

《资治通鉴》中记载，独孤皇后"性妒忌，后宫莫敢进御"，曾与皇帝约定"此生永矢相爱，海枯石烂，贞情不移，誓不愿有异生之子"，因此在被封为皇后之后，便废除了三宫六院体制，让皇帝可以全心治国。

然而，隋文帝也同样喜欢美女。有一次，他遇上了尉迟迥的孙女。这个女子长得极其俊美，隋文帝很喜欢，就宠幸了她。独孤皇后知道后，妒意难耐，趁隋文帝上朝理政的时机，秘密地处死了这个女子。

隋文帝知道后，不由得勃然大怒。然而，他发怒的办法也不过是"单骑从苑中出，不由径路，入山谷间二十余里"。也就是说，隋文帝一怒之下出走了，而且不是顺路前行，而是独自骑着马从御苑出仁寿宫，沿小路进了山谷，直走出二十多里。

大臣高颎、杨素闻讯后，急忙顺路追了上来。二人在山谷里拉着隋文帝的马苦苦劝谏，劝他回去。隋文帝长叹一声道："吾贵为天子，不得自由！"

高颎没有接这个话茬，而是问隋文帝："陛下岂以一妇人而轻天下？"这话问得很有水平，既提醒了隋文帝的责任，又表达了对独孤皇后的藐视。

在高颎、杨素的劝告及调解下，隋文帝最后还是回到了宫中，并最终与独孤皇后和解。

山斋独坐赠薛内史二首

杨 素

其一

居山四望阻，风雨竟朝夕。

深溪横古树，空岩卧幽石。

日出远岫明，鸟散空林寂。

兰庭动幽气，竹室生虚白。

落花入户飞，细草当阶积。

桂酒徒盈樽，故人不在席。

日落山之幽，临风望羽客。

其二

岩壑澄清景，景肖岩壑深。

白云飞暮色，绿水激清音。

涧户散余彩，山窗凝宿阴。

花草共萦映，树石相陵临。

独坐对陈榻，无客有鸣琴。

寂寂幽山里，谁知无闷心？

茅盾谦逊写《红楼梦》洁本

茅盾（1896—1981），原名沈德鸿，字雁冰。汉族。浙江嘉兴桐乡人。中国现代著名作家、文学评论家、文化活动家和社会活动家，"五四"新文化运动先驱者之一，我国革命文艺奠基人之一。1927年至1937年，是茅盾创作的成熟和丰收的阶段。这期间，他完成了中篇小说《路》《三人行》和长篇小说《子夜》。《子夜》是多角度地描写中国社会状态的小说，它的出版，显示了左翼文学的实绩，是"五四"以来新文学发展历史上的里程碑。中华人民共和国成立后，茅盾担任中央人民政府文化部部长职务，曾主编《人民文学》杂志。

鲁迅曾有诗云："横眉冷对千夫指，俯首甘为孺子牛。"他还说："我好像一只牛，吃的是草，挤出来的是牛奶、血。"鲁迅的这种甘为孺子牛的奉献精神，引出过一番佳话。

新中国成立前，文艺界召开了一次集会。会上，郭沫若说："鲁迅愿意做一头为人民服务的'牛'，我愿意做这匹牛的'尾巴'，是为人民服务的'尾巴'。"

茅盾紧接着说:"那我就做牛尾巴上的'毛'吧!它可以帮助牛把吸血的'无头苍蝇'和'蚊子'扫除。"

这番话生动别致,不仅表现了茅盾的崇高志向,还表现了茅盾谦逊、踏实的品德,他是真心敬仰文化旗手鲁迅。而茅盾的一生,也恰好体现了这种可贵的"牛毛"精神。

茅盾曾专门为中学生改过一套《红楼梦》洁本。1921年,亚东图书馆铅印本《红楼梦》印行,在该书《序言》中,陈独秀写道:"我尝以为,如有名手将《红楼梦》琐屑的故事尽量删削,单留下善写人情的部分,可以算中国近代的文学作品中代表著作。"受陈独秀的鼓励,茅盾一时手痒,就开始准备这项工作。

《红楼梦》洁本1935年由开明书店出版,占原书内容(加续书)的五分之三。茅盾重订了章回,改题了回目,未保留原回目的联语形式,只用一简单的词语标出,求其切题而已。如第一回作"贾府的历史",第二回作"林黛玉初会贾宝玉",第三回作"薛蟠",第十二回作"黛玉多疑",第十九回作"鸳鸯抗婚",第三十三回作"抄检大观园",第四十四回作"黛玉之死",最后第五十回作"宝玉出家"。

在洁本的导言中,茅盾谦虚地说:"在下怎敢自称'名手',但对于陈先生的这个提议却感到兴味,不免大着胆子,唐突那《红楼梦》一遭儿。"他还说:"想从《红楼梦》中学一点文学技巧的人,或许还有一点用处。至于研究《红楼梦》的读者,很可以去读原书。"

其实,洁本的妙处很多,最宝贵的是:它既保持了故事的完整性,又没有丢其精华。

茅盾所创作的《子夜》《林家铺子》《霜叶红似二月花》《清明前后》等作品,已经成为现代文学宝库中的珍贵财富。

茅盾和许多近现代作家一样，在书法领域也很有造诣，有着扎实的"童子功"。他从清人陆润庠近似"馆阁体"的楷书入手，进而上溯晋唐，受柳公权、欧阳询、褚遂良影响很大。后来，他又融入了宋徽宗赵佶"瘦金体"的形貌与唐人"写经"的体势，转益多师，逐渐形成了个人的独特书风。然而，对于自己的书法，茅盾总是谦称为"自家体，牙牙乎"。

■故事感悟

从文学成就来看，茅盾在中国现代文学史上的地位不容置疑。但高尚者最大的优点就在于其谦虚谨慎，永不满足。茅盾先生在世时以笔为武器，努力创作，他不屈不挠的斗争精神，着实配得上"共产主义战士"这一称号。他谦虚和无私奉献的精神，永远值得后人学习。

■史海撷英

《子夜》的出版

1933年6月，茅盾的小说《子夜》出版。小说一问世，就引起了中国文坛的震动，瞿秋白曾将当年称为"子夜年"，可见它的影响之大。

《子夜》围绕着民族资本家吴荪甫与买办赵伯韬之间的尖锐矛盾，全方位、多角度地描绘了20世纪30年代初中国社会的广阔画面：工人罢工，农民暴动，反动当局镇压和破坏人民的革命运动，帝国主义掮客的活动，中小民族工业被吞并，公债场上惊心动魄的斗法，各色地主的行径，资本家家庭内部的各种矛盾……通过这些丰富多彩的画面，艺术地再现了第二次国内革命战争时期的风云变幻，反映了当时的中国社会风貌。《子夜》这部长篇杰作，也为中国革命事业的发展建立了不可磨灭的历史功绩。

瞿秋白曾撰文评论《子夜》写道："这是中国第一部写实主义的成功的长篇小说。""1933年在将来的文学史上，没有疑问的要记录《子夜》的出版。"

半个多世纪以来，茅盾的《子夜》不仅在中国拥有广泛的读者，还被译成英、德、俄、日等十几种文字，产生了广泛的国际影响。日本著名文学研究家筱田一士在推荐十部20世纪世界文学巨著时，便选择了《子夜》，认为这是一部可以与《追忆逝水年华》和《百年孤独》等相媲美的杰作。

■ 文苑拾萃

赠桂林友人

茅盾

山容水色忽踟蹰，袅袅离情有若无。
刍狗已陈凭弃置，木龙潜伏待良图。
忧时不忍效乡愿，论史非为惊陋儒。
南国人间啼笑寂，喜闻华北布昭苏。

欧阳修改写《醉翁亭记》

欧阳修（1007—1073），字永叔，号醉翁，又号六一居士。汉族。今江西吉安人，自称庐陵（今永丰县沙溪）人。谥号文忠，世称欧阳文忠公。北宋卓越的文学家、史学家。北宋古文运动的领袖，与韩愈、柳宗元、王安石、苏洵、苏轼、苏辙、曾巩合称"唐宋八大家"。独撰《新五代史》，并与翰林学士宋祁合修《新唐书》，还有《欧阳文忠公集》《六一词》等。其散文说理畅达，抒情委婉；诗风与散文近似，重气势而能流畅自然；其词深婉清丽，承袭南唐余风。

欧阳修虽是著名学者，但从不高傲，处处谦虚谨慎。下面二则就是欧阳修自谦的故事。

宋仁宗时期，仁宗曾命翰林学士宋祁修撰《新唐书》。宋祁用了十几年时间，刻意求精，将这部书的主要部分《列传》编写完成。这时，为了加快速度，皇帝又命欧阳修参加修撰，负责《纪》《志》的编写工作。

全部编修完成后，宋仁宗感到全书的体例及行文风格不一致，又让欧阳修从头做润色。欧阳修将《列传》部分内容认真读过之后，感觉写得很好，有独到之处。虽然自己对唐代一些人物的看法与宋祁不同，但也不好妄加修改，强加于人。于是，他奏明皇帝，决定一字不改。按照北宋惯例，史书修成后，不论多少人参与编写，都只署官位最高者的名字。欧阳修当时是宋朝的参知政事，比宋祁的官位要高得多，因此本应在全部书上都署上他的名字。可是欧阳修觉得自己只参与了一部分工作，书的大部分都是宋祁纂写的，因此只在《纪》《传》两部分署了自己的名字。他打破惯例，不全署自己名，表现了谦虚的美德，深受人们的称赞。

宋庆历五年（1045年），欧阳修被贬到滁州任太守。到任后，他时常闲游山水，并与附近琅琊寺的智仙和尚结为好友。为了便于游览，智仙和尚带人在山腰上盖了一座亭子。亭子建成那天，欧阳修前去祝贺，为之取名为"醉翁亭"，并写下了千古传诵的散文名篇《醉翁亭记》。文章写成后，欧阳修将其张贴在城门上，征求修改意见。开始时，大家都只是赞扬，后来，有一位樵夫说开头太啰唆了，他让欧阳修到琅琊山南门上去看看山。

欧阳修到山上一看，恍然大悟，于是提笔将开头"环滁四面皆山，东有乌龙山，西有大丰山，南有花山，北有白米山"一串文字换成"环滁皆山也"五个字。如此一改，文字精练，含义倍增。

有一年，欧阳修得到一幅古画，画中是一丛牡丹花，花下卧着一只小猫。开始，他觉得这幅画很好看，就将它挂在客厅里。这时他的名气已经很大，并与当朝丞相吴正肃结为亲家。

一天，吴正肃到欧阳修家做客，欧阳修在客厅作陪。吴正肃看到这幅画，连连夸赞画得好。欧阳修自以为应该谦虚一下，便说："还过得去吧，也不见得十分精彩。"

"怎么不精彩呢？"吴正肃认真起来。

"你看，这花的颜色看起来不水灵。如果再画些露珠儿上去，那不就更好了吗？"欧阳修信口搭言。

吴立刻站起身，指着画说："老弟，你错了！这是画的正午牡丹，

怎么能有露珠呢？你看，这花瓣是张开的，花的颜色有些发干，正是阳光强烈照射的结果。还有，你注意到这只小猫了吗？"

"猫又有什么说道呢？"

"如果是早晨的牡丹，应是花苞未开，伴有露水，而且猫眼的瞳孔是圆的；而现在，猫眼的瞳孔眯成一条线，完全是正午的特征。"

欧阳修连连称是，暗想：我虽然得了此画，但却不晓得其中的奥妙。他叹了一口气说："看来我们这些舞文弄墨的人，真得好好向实践学习。否则，尽管文章写得多，也不会有生命力的！"

欧阳修晚年更是名噪天下，但他仍将以前所写的文章反复斟酌，甚至逐字逐句地修改。妻子劝他说："何必自讨苦吃呢！你这么大年纪了，难道还怕先生责怪吗？"他笑着说："如今不是怕先生责怪，而是怕后生笑话呀！"

■故事感悟

欧阳修无论做学问还是做人都谦虚有礼，苏轼评其文时说："论大道似韩愈，论本似陆贽，纪事似司马迁，诗赋似李白。"这深厚的文学功底全靠谦逊好学得来，无怪乎欧阳修成为"唐宋八大家"之一。

■史海撷英

欧阳修在文学方面的成就

欧阳修在我国文学史上占有重要的地位。作为宋代诗文革新运动的领袖人物，他的文论和创作成绩，对当时及后代都产生了很大的影响。

宋朝初年，一些贵族文人提倡的"西昆体"诗赋充斥文坛，浮华繁缛，虽无实际的社会意义，但却风靡一时。为了矫正西昆体的流弊，欧阳修大力提倡古文。

在文学观点上，欧阳修师承韩愈，主张明道致用。他强调"道"对文的决定作用，以"道"为内容、为本质，以"文"为形式、为工具，尤其重视道统的修养，提出"道胜者，文不难而自至"，"道纯则充于中者实，中充实则发为文者辉光"，"学者当师经"，师经才能用"道"来充实自己。但是，他又修正了韩愈的某些偏颇。在对"道"的解释上，他将现实中的"事"看作"道"的具体内容。他认为，学道而不能至，是因为"弃百事不关于心"。他反对"务高言而鲜事实"。在对待"道"与"文"的关系上，主张既要重"道"，又要重"文"，认为"文"固然要服从于"道"，但非"有德者必有言"，并列举了许多例子以阐明"自诗、书、史记所传，其人岂必能言之士哉"，指出："言以载事，而文以饰言。事信言文，乃能表见于世。"所谓"事信言文"，就是内容要真实，语言要有文采，做到内容与形式统一。这是欧阳修对文学创作的基本论点。

欧阳修还秉承韩愈"文从字顺"的精神，大力提倡"简而有法"和流畅自然的文风，反对浮靡雕琢和怪僻晦涩。他不仅从实际出发，提出平实的散文理论，还以造诣很高的创作实绩起到了示范作用。

欧阳修的主张得到了尹洙、梅尧臣、苏舜钦等人的赞同。后来，知贡举（主管考试进士）时，欧阳修鼓励考生写作质朴通畅的古文，凡内容空洞、华而不实，或以奇诡取胜之作，都在摒黜之列。与此同时，欧阳修还提拔培养了王安石、曾巩、苏轼、苏辙等一代新进作家。这样，他所倡导的诗文革新运动也便取得了很大的成效。

■文苑拾萃

醉翁亭记

欧阳修

环滁皆山也。其西南诸峰，林壑尤美。望之蔚然而深秀者，琅琊也。

山行六七里，渐闻水声潺潺而泻出于两峰之间者，酿泉也。峰回路转，有亭翼然临于泉上者，醉翁亭也。作亭者谁？山之僧智仙也。名之者谁？太守自谓也。太守与客来饮于此，饮少辄醉，而年又最高，故自号曰醉翁也。醉翁之意不在酒，在乎山水之间也。山水之乐，得之心而寓之酒也。

若夫日出而林霏开，云归而岩穴暝，晦明变化者，山间之朝暮也。野芳发而幽香，佳木秀而繁荫，风霜高洁，水落而石出者，山间之四时也。朝而往，暮而归，四时之景不同，而乐亦无穷也。

至于负者歌于途，行者休于树，前者呼，后者应，伛偻提携，往来而不绝者，滁人游也。临溪而渔，溪深而鱼肥；酿泉为酒，泉香而酒洌；山肴野蔌，杂然而前陈者，太守宴也。宴酣之乐，非丝非竹，射者中，弈者胜，觥筹交错，起坐而喧哗者，众宾欢也。苍颜白发，颓然乎其间者，太守醉也。

已而夕阳在山，人影散乱，太守归而宾客从也。树林阴翳，鸣声上下，游人去而禽鸟乐也。然而禽鸟知山林之乐，而不知人之乐；人知从太守游而乐，而不知太守之乐其乐也。醉能同其乐，醒能述以文者，太守也。太守谓谁？庐陵欧阳修也。

扁鹊不受"天下第一神医"称号

扁鹊（公元前407—前310），原姓秦，名越人，又号卢医。春秋战国时期名医。渤海郡郑（今河北任丘）人，一说为齐国卢邑（今山东长清）人。由于他的医术高超，被认为是神医，所以当时的人们借用了传说中上古轩辕时代的神医"扁鹊"的名号来称呼他。扁鹊奠定了中医学的切脉诊断方法，开启了中医学的先河。相传有名的中医典籍《难经》便为扁鹊所著。

扁鹊年轻时，曾在故里做过舍长，也就是旅店的主人。当时，他的旅店里住着一位旅客名叫长桑君。两人交往甚密，感情融洽。长期交往后，长桑君终于对扁鹊说："我掌握着一些秘方验方，现在我已年老，想把这些医术及秘方传授给你，但你要保守秘密，不能外传。"扁鹊当即拜长桑君为师，并继承了长桑君的医术，最终成为一代名医。

扁鹊掌握了医术后，便开始云游各国，为各国的君侯看病，也为百姓除疾，名声逐渐显扬天下。他的医术十分全面，无所不通。在邯郸，因为听说当地尊重妇女，便做了带下医生（妇科医生）；在

洛阳，因为那里很尊重老人，他又做了专治老年病的医生；秦国人最爱儿童，他又在那里做了儿科大夫。不论在哪里，扁鹊都是声名大噪。

根据典记，魏文王要封扁鹊为"天下第一神医"，但扁鹊却坚决不受，称自己并非天下第一，因为自己的两个哥哥医术都比自己高明。魏王闻之感到不解，就问：既然你的两个哥哥医术都在你之上，为什么这两个人名不见经传呢？扁鹊解释说："我的二哥能治大病于小恙，在那些重大疾病只出现微小症状，病人也没有觉得痛苦时，就能加以诊断并及时根治，所以他只是在家乡的村里小有名气。村里人也都认为有小毛病时可以去找二哥。而大哥的医术更加出神入化，能防病于未然，只要看人一眼就能判断出这个人可能会得什么病，在其得病之前就及时治疗，这也使他的医术难以被人认可，所以没有名气。只有家里人知道大哥的医术高明，连村里人都不知道大哥的水平。只有我扁鹊，既不能治大病于小恙，又不能防病于未然，等到我妙手回春时，病人往往已经病入膏肓、痛苦万分了，病人家属也是心急如焚。这时，他们看到我在经脉上穿刺，用针放血，或在患处敷以毒药以毒攻毒，或动大手术直指病灶，使重病人病情得到缓解或很快治愈。所以，我的两个没有名气的哥哥才是神医，而我只是名满天下的名医。"魏王大悟。

■ **故事感悟**

自谦，不是每个人都能做到。一代名医扁鹊正是具备谦虚的精神才能宠辱不惊，在名扬天下时仍能看到自己的弱点，看到他人的长己之处，从而不断提高自己的医术。

扁鹊投石

医生扁鹊去见秦武王，武王将自己的病情告诉扁鹊，扁鹊建议及早医治。可是，左右的大臣都提出异议说："君王的病在耳朵的前面、眼睛的下面，未必能治好，弄不好反而会使耳朵听不清、眼睛看不明。"武王将这些话告诉了扁鹊，扁鹊听了很生气，把治病的砭石一丢，说："君王同懂医术的人商量治病，又同不懂医道的人一道讨论，干扰治疗。就凭这点，就可以了解到秦国的内政。如此下去，君王随时都有亡国的危险！"

老舍自谦"文艺界的小卒"

老舍(1899—1966),原名舒庆春,字舍予。中国现代小说家、文学家、戏剧家。老舍是他最常用的笔名,另有絜青、絜予等笔名。因为老舍生于阴历年底,父母为他取名"庆春",含有庆贺春来、前景美好之意。后自己更名为舒舍予,"舍予"是"舒"字的分析:舍,舍弃;予,我。含有"舍弃自我"之意,亦即"忘我"的意思。老舍也是文艺界当之无愧的"劳动模范",发表了大量影响后人的文学作品,被称为"人民艺术家"。代表作有《骆驼祥子》《四世同堂》等。

老舍是中国现代小说家、剧作家。他的作品大多取自城市下层市民生活,善于运用精确流畅的北京口语,行文幽默风趣,用语机智俏皮。

老舍的长篇小说《骆驼祥子》名扬中外,属于传世之作。这部描写旧中国北京洋车夫生活的作品,也只有他能写得出来。他出生的地点是北京护国寺小羊圈胡同,胡同口外有一个车厂,他的哥哥也拉过洋车。为了深入了解车夫的思想感受,他专门在车夫跟前转悠,一见车夫闲下来，就凑过去聊天。

有一天，一位年老的车夫靠在墙角晒太阳，老舍也蹲下去，搭讪着说："好天呀，您歇着哪！"

车天点点头，问："您是干吗的？"

"孩子王，教书的。"

"您想坐我的车？"

"不，闲着没事，跟您请教。"

"不敢，您想问什么？"

"我也想拉洋车，您看我成吗？"

老人笑了："您啊，吃不了这份苦，身上的肉太松啊！"

老舍眨眨眼："肉紧也是慢慢锻炼出来的。我估摸着，拉车还比教书强吧？"

"哪儿的话！"老人打开了话匣子，讲起了拉车难。老舍一面听，一面往心里记。

过了一个时辰，老人不讲了，说："得，我还没找到饭钱呢，改日再聊吧。"老舍急忙从怀中掏出钱来："给，拉我一趟。"

老舍坐在车上，老人没跑几步，他就跳下车来，说："咱俩换换位，让我也过过拉车的瘾吧！"

老舍拉着老人，转了一条胡同，又回到了原来的地方。分手以后，老人心中纳闷，这位小学老师好怪啊！他做梦也没想到，这位青年正在搜集"祥子"的材料呐！

老舍在作品中多次写到说书唱戏的艺人，比如《方珍珠》《鼓书艺人》以及《四世同堂》中的小文夫妇。他能把艺人的喜怒悲欢与生活遭遇逼真地流诸笔下并非偶然，因为他在那个领域交了许多朋友。他喜爱他们，同情他们，从不认为搞写作的高人一等。

有一次，他到一家戏园子的后台找人，正巧看到有些演员在凑份子——大伙出钱，资助一个人。一打听才明白，原来唱彩旦的大姐家中出了难题，丈夫生病住院了。当时大家围着管账先生，这个交五角，那个捐两元，情景非常令人感动。老舍从衣袋里掏出二十元钱，递给管账先生，说："来，我也凑一份。"这里的人并不认识他，觉得诧异。管账先生说："来者不拒，我收下了。不过，您尊姓大名怎么称呼？"老舍说："不，不必写了。"账房先生不答应，说这是规矩，人过留名嘛！

老舍只好说："您就写'一龙套'吧！"当时把京剧中的配角称为"跑龙套的"，人们还以为这位著名的作家是一个普通的戏迷哩！

老舍从不认为演戏的人地位低下，他以他们为老师，学到了许多宝贵的知识。不然，那获得巨大成功的《龙须沟》《茶馆》等话剧作品，精湛纯熟的舞台运用是谁教给他的？

老舍在新中国成立之前就已经创作甚丰，知名度很高。但他在谈到创作经验时，从不认为自己有什么天赋，更不曾是神童。他把写作比做农民种田：农民一年四季不管刮风下雨都得干活，天天农具不离手；写作也是天天不离纸笔，连星期天也不肯休息。他还把谈写作的书题名为《老牛破车》，颇耐人寻味。老舍有一部话剧《西望长安》，名字很怪，原来是取自古诗"西望长安不见家"，意思是说这部作品"不见佳（家）"呢。老舍先生的谦虚可见一斑。

1938年3月，抗日的后方汉口成立了中华全国文艺界抗敌协会。大家请老舍出任总务部主任。他挥笔写下一份入会誓词，文中道："我是文艺界中的一名小卒，十几年来日日操练在书桌上与小凳凳之间，笔是枪，把热血洒在纸上。可以自傲的地方，只是我的勤苦。小卒心中没有大将的韬略，可是小卒该做的一切，我确是做到了。以前如是，现在如是，希望将来也如是。在我入墓的那一天，我愿有人赠给我一块短碑，上刻：文艺界尽责的小卒，睡在这里。"

老舍40岁时曾写过一篇质朴自谦、妙趣横生的自传：

舒舍予，字老舍，现年四十岁，面黄无发，生于北平。三岁失怙，可谓无父，学志之年，帝已不存，可谓无君。无父无君，特别孝爱老母。布尔乔亚之仁未能一扫空也。幼读三百篇，不求甚解。继学师范，遂奠教书匠之基。及壮，糊口四方，教书为业，甚难发财。每购奖券，以得末彩为荣，示甘于寒贱也。二十七岁发奋著书，科学、哲学无所懂，故写小说，博大家一笑，没什么了不得。三十四岁结婚，今已有一男一女，均狡猾可喜。闲时喜养花，不得其法，每每有叶无花，亦不忍弃。书无所不读，全无所获并不着急。教书做事均甚认真，往往吃亏，亦不后悔。如此而已，再活四十年也许能有点出息。

老舍先生每写完一篇作品，总要写一篇附记，剖析自己是怎样写这本书的，书里的角色又是怎么设立的等等。他写附记，就是在检讨自己的缺点。有些书已经写得很完美了，但他却一直认为不够好。写作，对他而言就是一个职业，一个吃饱饭的手段，一个活儿，就像木匠、车夫一样，只是术有专攻而已。所以，他从不称自己是作家，而说自己是一个"写家"。有无心灵投入，投入程度如何，不仅让我们区分出作品的层次，同时也区分出了作者的层次，这就是"作家"与"写家"的区别。老舍先生说他只是写家，算不得一个作家，这是他的谦虚。

■故事感悟

老舍先生曾说，"骄傲自满是我们的一座可怕的陷阱；而且，这个陷阱是我们自己亲手挖掘的。"深知这一点，无论为人处世还是文学创作上，老舍先生都一直处于一种低姿态，不是谦卑，而是谦虚。

■史海撷英

现代文学史上的老舍

老舍创作的作品大多取材于市民生活。他善于描绘城市贫民的生活和命运，尤其擅长刻画浸透了封建宗法观念的保守落后的中下层市民，在民族矛盾与阶级搏斗中，在新的历史潮流冲击下，惶惑、犹豫、寂寞的矛盾心理以及进退维谷、不知所措的可笑行径。老舍喜欢通过这些日常平凡的场景反映普遍的社会冲突，笔触也往往延伸到民族精神的挖掘或民族命运的思考，使人从轻快诙谐之中品味出生活的严峻与沉重。而对自然风光的渲染与对习俗人情细致入微的描摹，更增添了作品的生活气息与无限情趣。

在现代文学史上，老舍的名字总与市民题材、北京题材的作品联系在一起。同时，他还是现代中国文坛上杰出的风俗、世态（尤其是北京的风土人情）画家。作为一位大家，他所反映的社会现实可能不够辽阔，然而在他所描绘的范围内，却能将历史和现实从一年四季的自然景色，不同时代的社会气氛、风俗习惯，一直到三教九流各色人等的喜怒哀乐、微妙心态都结合浓缩在一起，有声有色，自成一个完整丰满、"京味"十足的世界。这也是老舍为现代文学史上作出的特殊贡献。

聂耳墓献花

老舍

墓对茫茫大海波，英雄岂问命如何？
长城新筑君知否，七亿人民唱凯歌。
一束鲜花热泪新，悲歌长忆谱歌人。
精神不死天难夺，千古潮声东海滨。

第二篇
虚怀若谷不耻下问

孔子虚心拜少年为师

孔子（公元前551—前479），名丘，字仲尼。汉族。春秋时期鲁国人。孔子是我国古代伟大的政治家、思想家和教育家，儒家学派创始人，世界最著名的文化名人之一。与孟子并称"孔孟"，孔子被尊为"至圣"，孟子为"亚圣"。整理了我国第一部编年体史书《春秋》。孔子的言行思想主要载于语录体散文集《论语》及司马迁所著的《史记·孔子世家》。

春秋时期的孔子，是儒家学派的创始人。历代封建王朝都尊奉他为天生的最有学问的"圣人"，但是他本人却说："余非生而知之者。"（我不是生下来就有学问的）他的学问全是学来的、问来的。

公元前526年，孔子为了"观先王之遗制，考礼乐之所极"，带着学生专程到周朝王都向老子请教解疑。当得知孔子来访时，老子亲自骑牛前往郊外迎接。孔子依照当时的礼节，从车上下来，捧着作为见面礼的大雁送给老子。

这次见面，孔子向老子请教了一些问题。此时的老子已在周朝图书馆待了近三十年，早已看透官场的腐败，对周礼幕后的丑恶也看得清清

楚楚，因此，听了孔子的问题后，说了一段耐人寻味的话："你问的有关周礼问题中所提到的那些人，虽然骨头早已腐烂，但他们说过的话仍为后人所记。一个人时运好时可以去做官，施展胸中的抱负；要是时运不济，就应该像蓬草随风飘移一样顺应自然，知难而退。我听说，一个会做生意的商人，即使很有钱，也不轻易张扬，所以别人看不出他有钱；一个有道德修养的君子，他的德、才都藏而不露，这就是大智若愚了。你应该努力摒弃骄气以及过多的功名欲望和爱自我表现的毛病，应做到清心寡欲，因为那些东西对你修身养性毫无好处。我能告诉你的，就是这些。"

临别时老子赠言孔子道："我听说富贵的人赠送给别人以钱财，有优良品德的仁人送给别人以良言。我没有钱财，只是勉强被人加了一个仁人的称号，我就送给你几句忠言吧。'一个聪慧又能深思洞察一切的人，却常遭到困厄、濒临死亡，那是因为他喜好议论别人的缘故；学问渊博见识广大的人，却常使自己遭到危险不测，那是因为他喜好揭发别人罪恶的缘故。做人子女的应该心存父母，不该只想到自己；做人臣子的应该心存君上，不能只顾到自己。'"

听完老子的这番教诲，孔子深受启发，出来后对弟子说："空中的鸟，我知道它为什么能够飞翔；水中的鱼，我知道它为何会游动；地上的兽，我也知道它为什么善于奔跑。对于善跑的兽，我们可以结网捕捉它；对于善游的鱼，可以用带钩的丝线去钓取；对于善飞的鸟，我们也能用系有丝绳的弓箭对付它。至于龙，我就不知道它是怎样随着风云上天的。我今天见到的老子，其学深奥难测，其言意旨悠远，真是乘风云翱翔于天地之间的一条龙啊！"敬佩之情溢于言表。

《论语·八佾》有一段这样的记载：子入太庙，每事问。或曰："孰谓邹人之子知礼乎？入太庙，每事问。"子闻之，曰："是礼也。"

太庙，是国君的祖庙。孔子去鲁国的太庙参加国君祭祖的典礼，他一进去，就向人问这问那，几乎每一件事情都问到了。当时就有人讥笑他说："谁说'邹人之子'（意即邹县县官的儿子）通晓礼仪？"孔子听到人们对他的讥讽，毫不在意地答道："我对于不明白的事情，每件事都要问个明白，这恰恰是我要求懂得礼仪的表现啊！"

卫国有一位大夫孔圉，死后谥号（古代帝王和官僚死后，朝廷给予表示褒贬的称号）叫做"文"，所以人们又称他为孔文子。对于这件事，孔子的学生子贡曾经有疑惑不懂得，他问孔子："孔文子何以谓之'文'也？（孔文子为什么被谥为'文'呢？）"孔子回答说："敏而好学，不耻下问，是以谓之'文'也。"（聪敏而勤学上进，不以向地位或学识比他低下的人求教为可耻，所以用"文"字作为他的谥号）

孔子和子贡的这番谈话，记载在《论语·公冶长》篇中。成语"不耻下问"，就是从孔子那句话而来。现在我们形容谦虚、好学，眼睛向下、真心诚意向他人提问请教，就叫做"不耻下问"。

孔子本身就是"不耻下问"的榜样，不管是谁，也不论地位高低，孔子都能虚心向他求教。孔子曾向郯国（在今山东省郯城县一带）的国君请教官职的名称，向周敬王的大夫苌弘请教关于音乐的事，向鲁国的乐工师襄学过弹琴，向周朝的守藏吏老聃问礼，甚至向七岁的小孩项橐请教论道。

一天，孔子和众弟子乘马车到某地去讲学。途中，见到前面有一个六七岁的小孩（项橐）在路上堆土玩，子贡大喝一声，正要赶车过去，只见那孩子突然把路一挡，高声叫道："站住，前面有一座城池在这儿，过不去了，你们退回去绕道走吧！"

子贡赶紧停住车，没好气地大声嚷道："你这顽童休得胡闹，这是孔老夫子的车，快放我们过去！"

"不管谁也得讲道理，我来问你们，到底是该城躲车呢？还是车躲城呢？"项橐有板有眼地说。

大家被问得张口结舌，子贡又气又急正要发作，这时孔子从车上走下来拦住他，说："这小孩讲得在理，你们不要乱来。"

孔子走上前去对项橐打躬施礼道："神童在上，老夫这边有礼了。我们有要事在身，万望高抬贵手，借个路让我们过去吧！"

项橐问道："你们有什么要事呀？"

"周游列国。"

"那周游列国又是做啥呀？"

"讲学传道呀。"

"讲学传道就得有一套本事和才学才行呢，那你知道些什么呀？"

孔子回答道："不是老夫夸口，上至天文，下至地理，什么事我都略知一二。"

项橐说："那我出个问题考考你如何？"孔子见小孩如此口吻，轻轻一笑说："好呀，你想问什么？说吧。"

项橐问道："你知道自己的眉毛有多少根吗？"

孔子一怔，说道："眉毛本人又看不见，怎么能知道呢？"

项橐眼珠一转接着问："嫌看不见，那天上的星星看得见，你知道有多少颗吗？"

"天上的星星浩如烟海，那又如何数得过来呢？"孔子为难地说。

项橐又笑着说道："呵，你又嫌多了，那日头就有一个，早晨像冰盘，晌午赛玉环，我来问你，什么时候近什么时候远呢？"

孔子愕然，这时，路边的池塘里有群鹅在"哇哇"叫着戏水，项橐就问孔子："鹅的叫声为什么这样大？"

孔子说："因为它的脖子长。"

项橐说："青蛙脖子很短，叫声也不小。"孔子又无语了。

项橐诚恳地说："人们都说你上知天文，下知地理，中知人伦纲常，是无所不知无所不晓的圣人，为什么这些事都不能给我讲清楚呢？"孔子长叹一声，俯下身子对项橐和蔼地说："后生可畏，我当拜你为师。"

后来，孔子以此事教导众弟子说："不要不知以为知，要知之为知之，不知为不知，莫忘三人行必有我师。"

■故事感悟

孔子的学识广博宏大，以洞悉事物知微见著，但孔子依旧不辞辛苦地向老子学礼，虚心好学精神可见一斑。孔子其人，门生三千，却不以名位来压人，而是以诚恳的态度、务实的精神谦虚地对待学问，令人敬佩。

■史海撷英

孔子的坎坷仕途路

孔子自二十多岁起，就想走仕途，因此对天下大事也十分关注，对治理国家的各种方式也经常进行深入的思考，并经常发表一些见解。到30岁时，孔子已经有些名气了。鲁昭公二十年（公元前522年），齐景公出访鲁国时召见了孔子，与他讨论秦穆公称霸的问题，由此，孔子结识了齐景公。鲁昭公二十五年（公元前517年），鲁国发生内乱，鲁昭公被迫逃到齐国，孔子也离开鲁国，到了齐国，受到齐景公的赏识和厚待，甚至曾准备把尼溪一带的田地都封给孔子，但被大夫晏婴制止了。

鲁昭公二十七年（公元前515年），齐国的大夫想加害孔子，孔子听说后向齐景公求救。齐景公说："吾老矣，弗能用也。"孔子只好逃回鲁国。

当时的鲁国，政权已经落到大夫的家臣手中，被称为"陪臣执国政"，因而孔子虽然有过两次从政机会，却都放弃了。直到鲁定公九年（公元前501年），孔子才被任命为中都宰，此时他已经是51岁了。孔子上任后，治理中都一年，卓有政绩，被升为小司空，不久又被升为大司寇，摄相事，鲁国大治。

鲁定公十二年（公元前498年），孔子为削弱三桓（孟孙氏、叔孙氏、季孙氏三家世卿，是鲁桓公的三个儿子的后代，故称三桓，当时的鲁国政权实际掌握在他们手中，而三桓的一些家臣又在不同程度上控制着三桓），采取了"堕三都"的措施，即拆毁三桓所建城堡。后来这一行动半途而废，孔子与三桓的矛盾也随之加剧。鲁定公十三年（公元前497年），齐国送80名美女到鲁国，季孙氏接受了女乐，君臣迷恋歌舞，多日不理朝政，令孔子相当失望。不久，鲁国举行郊祭。祭祀后，按惯例送祭肉给大夫们时并没有送给孔子，这表明季氏已经不想再任用他了。孔子只好离开鲁国，到别国去寻找出路，开始了周游列国的旅程。这一年，孔子56岁。

■文苑拾萃

孔子安贫乐道

孔子说："不义而富且贵，于我如浮云。"在孔子心目中，行义是人生的最高价值。因此，在贫富与道义发生矛盾时，他宁可受穷也不会放弃道义。然而，他的安贫乐道并不能看做是不求富贵，只求维护道，这是不符合历史事实的。因为孔子也曾说过："富与贵，人之所欲也；不以其道，得之不处也。贫与贱，人之所恶也；不以其道，得之不去也。""富而可求也，虽执鞭之士，吾亦为之。如不可求，从吾所好。"

华罗庚主张"弄斧到班门"

华罗庚（1910—1985），世界著名数学家，中国解析数论、矩阵几何学、典型群、自守函数论等多方面研究的创始人和开拓者。国际上以华氏命名的数学科研成果有"华氏定理""怀依—华不等式""华氏不等式""普劳威尔—加当—华定理""华氏算子""华—王方法"等。他被誉为"人民科学家"，与钱三强一起被认为是中国计算机界的两位功勋科学家。他为中国数学的发展作出了举世瞩目的贡献，在多元复变数函数论方面的卓越贡献，更是影响到了世界数学的发展。

华罗庚曾说过：钻研然后知不足，虚心是从知不足而来的。虚伪的谦虚，仅能博得庸俗的掌声，而不能求得真正的进步。

1980年初夏，数学家华罗庚率领中国数学家代表团赴港参加东南亚数学双年会。会议期间，华罗庚又应邀在香港大学作演讲。在这里有人问他：成功的要素是什么？

华罗庚反问对方："我成功了吗？我成功不成功还不知道……"

这一回答既风趣又谦虚，立即引起了全场的一阵笑声。有一家香港

报纸评论说："实在谦虚得令人不可不笑。"

这种谦虚是真诚的。华罗庚解释说："如果说我还有一点成就，主要是因为自己知道自己还不行。找到了差距，就有了奋斗目标。香港《大公报》有一篇访问我的文章，标题是《弄斧必到班门》。下棋找高手，弄斧到班门，这是我一生的主张。能者为师，有机会就学。我没有什么诀窍，就是自己承认差一点，工作加油一点。"

在这次数学双年会上，华罗庚选讲的题目也不是自己的专长，但有不少专长于此题的教授参加了会议，所以他意欲"班门弄斧"，以求证于人。

华罗庚是这样说的，也一直是这样做的。

有一次，华罗庚教授正在参加一个数学研究会。当时他非常忙，白天要参加会议，晚上还要阅读会议简报及来信。其中，有一封署名陈景润的来信这样写道："尊敬的华罗庚老师，您的《堆垒素数论》我已拜读了，您把数学的理论又推向了一个新的高峰。但我冒昧地向您提出一点意见，您在运算中有一处小小的失误……如果把这本书比做一颗明珠，那么这个小小的错误就是明珠上的一粒尘土。如果把这粒尘土拂去，那这颗明珠将会更加耀眼，更加夺目……"当读到陈景润对自己著作《堆垒素数论》的意见后，华罗庚立刻翻开自己的论著，对信中所提出的问题仔细地运算了一遍又一遍，结果发现的确是自己失误了。他连连自语道："真是太好了，太好了！"

这天晚上，华罗庚躺下久久不能入睡。他回忆起自己19岁那年给清华大学熊庆来教授去信，信中也是指出了他论文中的一处失误。与今天陈景润的来信相比，是何等的相似啊！

第二天，华罗庚便精神振奋地在会上全文宣读了这封信。他还建议邀请中学老师陈景润来参加这次会议。几天后，陈景润从福建赶到北京。老教授与这个年轻人一见如故，一见面就滔滔不绝地交谈起来。这以后，陈景润也实现了拜华罗庚为师的愿望。他敬重华老，做华老的学生、助手，后来也成为数学界一颗璀璨的"新星"。

■故事感悟

华罗庚是一位伟大的科学家，更是一位有高风亮节的思想者，他的谦虚、诚恳、勤奋成就了他的事业。我们每一个人都应该具备这种"班门弄斧"的勇气，勇于虚心求教，知道和改正自己的缺点与不足，不断完善自我。

■史海撷英

华罗庚的成就

1924年，华罗庚从金坛中学初中毕业，后来靠刻苦自学，于1930年到清华大学任教。1936年，他赴英国剑桥大学访问、学习。1938年回国后，任西南联合大学教授。1946年又赴美国，任普林斯顿数学研究所研究员、普林斯顿大学和伊利诺伊大学教授。1950年回国。

华罗庚历任清华大学教授，中国科学院数学研究所、应用数学研究所所长、名誉所长，中国数学学会理事长、名誉理事长，全国数学竞赛委员会主任，美国国家科学院国外院士，第三世界科学院院士，联邦德国巴伐利亚科学院院士，中国科学院物理学数学化学部副主任、副院长、主席团成员，中国科学技术大学数学系主任、副校长，中国科协副主席，国务院学位委员会委员等职。曾任第一至第六届全国人大常务委员，第六届全国政协副主席。曾被授予法国南锡大学、香港中文大学和美国伊利诺伊大学荣誉博士学位。主要从事解析数论、矩阵几何学、典型群、自守函数论、

多复变函数论、偏微分方程、高维数值积分等领域的研究与教授工作，并取得突出成就。20世纪40年代，华罗庚解决了"高斯完整三角和的估计"这一历史难题，得到了最佳误差阶估计（此结果在数论中有着广泛的应用）。他还对G.H.哈代与J.E.李特尔伍德关于华林问题及E.赖特关于塔里问题的结果做了重大的改进，至今仍是最佳纪录。

■文苑拾萃

华罗庚巧解《孙子算经》

著名数学家华罗庚在学习过程中，既肯下苦功，又善于动脑筋。14岁时，有一次，数学老师王维克在课堂上给同学们出了一道题："今有物不知其数，三三数之剩二，五五数之剩三，七七数之剩二，问物几何？"这道题出自古代的《孙子算经》，意思是说：有一种东西，不知道数量，如果三个三个地去数它，最后剩二；五个五个地去数它，最后剩三；七个七个地去数它，最后剩二。问这种东西共有多少？

王老师刚把题读完，华罗庚的答案便脱口而出："二十三！"

"你看过《孙子算经》吗？"王老师惊讶地问。

华罗庚回答说："我不知道《孙子算经》这本书，更没有看过。"

"那你怎么算出来的呢？"王老师又问。

华罗庚有板有眼地答道："我是这样想的，三个三个地数，余二，七个七个地数，余二，余数都是二，那么，总数就可能是三乘七加二，等于二十三。二十三用五去除，余数又正好是三，所以，二十三就是所求的数了。"

"啊——"王老师简直被惊呆了，"算得巧，算得巧！"

贾思勰养羊请教羊倌

贾思勰（386—543），汉族。益都（今属山东省寿光市西南）人，生活于北魏末期和东魏，曾经做过高阳郡太守，是中国古代杰出的农学家。

贾思勰是南北朝时期北魏著名的农学家。因其生活的年代社会动荡、战乱频繁，正值北魏由经济繁荣、社会安定走向经济衰落、政治腐败的时期，故而他深感恢复国民经济、保障人民生活对巩固政权的必要性，因此，他十分注重对农业生产技术和经验的总结。

贾思勰曾做过高阳郡太守，到过山东、河北、河南等许多地方。每到一地，他都非常重视农业生产，认真考察和研究当地的农业生产技术，向有经验的老农请教，获得了不少农业生产方面的知识。他晚年辞官归隐，专心研究农事，颇有成就，著有《齐民要术》一书。

贾思勰自高阳太守卸任后，开始致力于农学研究。为了掌握养羊的经验，他亲自养了一些羊。刚开始时不知道羊吃多少饲料，于是每天早晨把羊放出去，让羊自己找草吃。他养了二百多只羊，结果到冬天没有草了，羊死了一大半，而活下来的羊又瘦又弱，毛也干干巴巴，没一点

儿光泽。这可怎么办？去向牧羊人请教吧。

他找到了羊倌询问，羊倌对他说："一到冬天，饲料不足，营养不够，羊自然会饿死。"

第二年，贾思勰种了几十亩大豆，把草料准备得足足的。可是到了冬天，羊又死了不少。他又请教有养羊经验的人。他走了一百多里路，找到一位年纪更大的牧羊人，这人有四十年的养羊经验。

老牧羊人听了贾思勰的来意后，问："你的大豆是怎样喂羊的？"

贾思勰说："我把它撒在羊圈里了，羊可以随便吃。"

牧羊人说："那怎么行呢？羊这东西最爱干净，羊圈里又是屎又是尿，豆子撒上去，羊也不会吃，它们宁可饿着。"

贾思勰回村后，按照老牧羊人的提议打制了食槽，吊在较高的位置上，羊要伸长了脖子才能够着。每次只喂一点大豆，吃完了再放，一天定时喂。他又用桑树围成一个圆形的栅栏，里面堆放饲草，使羊爬不上去，只能围着草栅栏转。羊如果饿了就从空隙往外抽草吃，能吃多少就抽多少，也不浪费。草栅栏有一丈多高，下边的草吃完了，上边的草自动往下降，很省事。

这年冬天，一只羊也没死，羊毛又密又软，油光油亮，他高兴极了。他总结出了经验：养羊关键是越冬。熬过冬天，春风吹绿大地，小草又长新绿的时候，羊就有吃的了。

此后，贾思勰多次向羊倌请教，并在实践中摸索了许多有益的经验，不但知道冬天怎样养羊，也了解和摸索出了春夏秋三季养羊的经验。

春天草嫩，但草短小，羊不能停留在一个地方吃，要边走边吃，赶着羊走。不然草根啃光了，来年就没得吃了。

夏天天气热，要趁早晨凉爽放牧，中午太阳毒，就找个阴凉的地方让羊歇着。吃早不吃晌，中午还不能顶着烈日赶羊走路，否则灰尘与汗水混合，到了秋天羊就会得皮癣。秋天，羊要晚些出来，早晨霜大露水大，羊吃了太凉的草会闹肚子。

在种地方面，贾思勰更是不辞辛苦，走遍河南、河北、山西、山东。到田头住老农的窝棚，虚心向老农求教犁地、选种、下种、施肥等经验和方法，如何田间管理以及土质、气候对庄稼的影响等等。他不只听人说，还亲自去做，从中体会哪些是正确的，哪些是不妥的做法，把它总结出来。晚年，他把一生积累的农事经验编著成《齐民要术》一书，该书对后来的农业生产有极大的影响。

■故事感悟

贾思勰正是怀着谦虚的态度和好学的精神，积极地向有经验的农人请教，并不断总结经验，终于在农学上有所成就。

■史海撷英

高阳郡太守

北魏时期，曾有两个高阳郡，一个是瀛州的高阳郡（今河北高阳一带），设郡历史悠久；另一个是青州的高阳郡（今山东临淄西北），《魏书·地形志》称："故乐安地，（南朝宋）刘义隆置，魏因之。"《魏书·高祖纪》也记载了延兴元年（471年）"青州高阳民封辩自号齐王，聚党千余人，州军讨灭之"等句。

贾思勰任职的地方也是高阳郡，职位是高阳郡太守，但具体在哪个高阳郡，却没有详细的记载。而且作为高阳郡的太守，历史上也没有写下他的为官政绩。但贾思勰所撰著的《齐民要术》，却以其精湛的内容和承前启

后的贡献，将他推到了农学家的位置，在中国农学史乃至世界农学史上都占有重要的地位。

《齐民要术》

《齐民要术》北魏时期杰出的农学家贾思勰所著的一部综合性农书，也是世界农学史上最早的专著之一。同时，它还是中国现存最完整的农书。书名中的"齐民"，指的是平民百姓；"要术"则指谋生的方法。

《齐民要术》系统地总结了6世纪以前黄河中下游地区农牧业的生产经验、食品的加工与贮藏、野生植物的利用等等，对中国古代农学的发展产生了重大的影响。

该书由序、杂说和正文三部分组成。正文共92篇，分10卷，11万字，其中正文约7万字，注释约4万字。另外，书前还有"自序""杂说"各一篇。其中的"序"，广泛地摘引了圣君贤相、有识之士等注重农业的事例，以及由于注重农业而取得的显著成效。通常认为，"杂说"部分为后人添加。

《齐民要术》的内容相当丰富，涉及面也极其广泛，包括各种农作物的栽培、各种经济林木的生产，以及各种野生植物的利用等等。同时，书中还详细地介绍了各种家禽、家畜、鱼、蚕等的饲养和疾病防治，并将农副产品的加工（如酿造）及食品加工、文具和日用品生产等形形色色的内容都囊括其中。因此，《齐民要术》对我国农业研究具有重大的历史意义。

叶天士埋名学医术

叶天士（1666—1745），名桂，号香岩，别号南阳先生，晚年又号上律老人。江苏吴县（今苏州市）人。清代名医，四大温病学家之一，与薛雪等齐名。在整个中国医学史上，叶天士都是一位有巨大贡献的伟大医学家，后人称其为"仲景、元化一流人也"。他首先是温病学派的奠基人物，又是一位对儿科、妇科、内科、外科、五官科无所不精、贡献很大的医学大师，史书称其"贯彻古今医术"。代表作品有《临证指南医案》《温热论》。

清代医学家叶天士出生于苏州，他的父亲叶阳生是一位名医。叶天士12岁时随父亲学医，父亲去世后，他开始独立行医应诊，同时拜父亲的门人朱某为师，继续学习。他聪颖过人，"闻言即解"、一点就通，加上勤奋好学、虚心求教，见解往往超过教他的朱先生。

叶天士从小熟读《内经》《难经》等古籍，对历代名家的作品也都旁搜博采，不仅孜孜不倦，而且谦逊向贤、虚怀若谷，善于学习他人的长处。叶天士信守"三人行必有我师"的古训，只要是比自己高明的医生，他都会非常真诚地拜对方为师。一听到某位医生有专长，他也会欣

然而往，必待学成后始归。从12岁到18岁，叶天士先后拜过师的名医有十七人，其中包括周扬俊、王子接等著名的医学大家，后人称其"师门深广"。

当时，山东有一位刘姓名医擅长针术，叶天士想去拜师学习，但苦于无人介绍。有一天，那位名医的外甥赵某因为舅舅治不好他的病，就来找叶天士。叶天士专心诊治，几帖药就把赵某的病治好了。赵某很感激，同意介绍叶天士改名换姓去拜他的舅舅为师。在刘名医那里，叶天士虚心谨慎地学习。

一天，有人抬来了一个神志不清的孕妇，刘医生诊脉后说已经不能治了。叶天士仔细地观察后，发现孕妇是因为胎儿不能转胎，痛得不省人事了。于是就取针在孕妇的脐下刺了一下，然后叫人马上抬回家去等待生产。到家后，胎儿果然产下。刘医生很惊奇，详加询问，才知道眼前的这位徒弟居然是大名鼎鼎的叶天士，心中很感动，就将自己的针灸医术全部传授给了叶天士。

叶天士母亲有病，可他总是治不好，而且遍请城内外的名医治疗也都不见效。叶天士便问仆人：本城有无学问深而无名气的医生？仆人说：后街有个章医生，经常夸自己医术高明，可很少有人去请他看病。叶天士吃惊地说：出此大言，必有真才实学，快快请来！仆人赶紧跑去请章医生，并对章医生说：太夫人病势日危，主人终夜彷徨，口中反复念着"黄连"。

章医生到叶天士家诊视老太太后，细细看了过去的药方，很久才说：药、症相合，理当奏效，然而病由热邪郁于心胃之间，药中须加黄连。叶天士一听便说：我早就想用黄连，可是母亲年纪大了，恐怕会灭真火。章医生说：太夫人两尺脉长而有神，本元坚固。对症下药，用黄连有何不可？叶天士很赞同，结果两剂药病就好了。以后叶天士便对人说："章医生医术比我高明，可以请他看病。"

有一年，一位贩卖木材的商人从江西来到苏州。他患病多年，日渐严重，便请叶天士诊治。叶天士见他面黄肌瘦，不停地咳嗽，经过诊断后说："你不用吃药了，赶快回家吧，越快越好。如果路途上稍有耽搁，恐怕都难与家人见面了！"

江西商人半信半疑，叶天士又说："不会错的，你还是快些动身吧。如果我诊断错了，宁愿叫你来砸我门外的招牌！"

那商人回到旅店，便将手中的木材全部脱手，然后灰心丧气地准备乘船返乡。

在路上商人暗想："反正我的病也治不好了，不如沿途散散心，看看风景名胜，也不枉活一世。"船到镇江，听人说金山寺很好玩，商人便离船上岸，登山游览。

商人尽兴地玩了一天，当晚便留宿在金山寺。吃饭时，老和尚捧出化缘账本，对他说："请为佛事捐几个钱吧！"商人想也没想，提笔在本子上就写下一千两银子。老和尚连说"善哉"。又见那客人愁眉苦脸的样子，便问："怎么，施主身体不适？"

"岂止不适，我活不了几天了！"商人把叶天士的话重复了一遍。

老和尚为商人把把脉，详细地询问了发病的经过，然后点点头说："叶天士果然名不虚传，你的病的确是绝症啊！"

商人一听，心更凉了。

"不过，我且问你，你回江西走旱路还是走水路呢？"

"我有自己的船，走水路。"

"那就太好了。如今秋高气爽，正巧新梨上市，你装上一船的生梨，吃在梨上睡在梨上，渴了饿了都吃梨。船到江西，梨吃没了，再去抓药一试……"老和尚随后给商人开了一剂药方。

一年后，江西商人来找叶天士，说："我没死，来砸你的招牌来了！"

叶天士大惊，忙问商人是经何人所治。真是强中自有强中手，能

人背后有能人。听了商人的话，叶天士决定马上起程，前往镇江拜师。

叶天士到了金山寺，怕老和尚不收留，便隐姓埋名，谎称自己是个流浪汉，愿意伺候和尚，讨口饭吃。老和尚见他聪明伶俐，喜欢学医，就收下了他。叶天士每日给病人按方抓药，端屎端尿，好不勤快。如果师傅出诊，他就身背药箱，紧跟其后。

三年后，有一天，寺院里来了个急重的病人，碰巧师傅又不在，叶天士便给病人诊治。病治好了，师傅归来，看过药方，仰头大笑起来。

叶天士吃惊地问："徒弟有不妥之处吗？"

和尚大声说："好你个叶天士，竟骗了我！除了苏州的叶天士，谁敢开这有毒的砒霜？！"

叶天士俯身跪倒，说："徒儿为了得到真传，不得不如此啊！"

叶天士本来就聪明绝世，加上又肯虚心求教，广采众长，且能融会贯通，自然在医术上突飞猛进，不到30岁就已经医名远播了。

叶天士在临终前告诫儿子们说："医可为而不可为，必天资敏悟，读万卷书，而后可借术济世。不然，鲜有不杀人者，是以药饵为刀刃也。吾死，子孙慎勿轻言医。"这是一个对自己的言行极端负责的仁者之言，同时也显示出叶天士在医学乃至人生哲理的追求上所达到的极高境界。

□故事感悟

明朝理学家陈几亭说："君子有两种羞耻。一是夸耀自己的长处，二是掩饰自己的缺失和不能。"自己有长处要保持谦虚，自己不会的就要虚心学习充实，叶天士就是这样做的。无论医学理论还是治学态度，叶天士都值得后人学习。特别是他那种谦恭好学、改名换姓求师学艺的精神，更是当代青年的学习典范。

叶天士的医学成就

清代以前，中医在论治热病上大都采用《伤寒论》中的方法。直到明末清初吴又可著《温疫论》后，才将伤寒与温疫分别对待。虽然他对温病理论的建立起了先导作用，但却没能分清"温疫"和"温病"的界线。

叶天士首次阐明了温病的病因、传染途径和传变规律等，明确地提出"温邪"是导致温病的主因，突破了"伏寒化温"的传统认识，从根本上划清了温病与伤寒的界限。

叶天上所著的《温热论》，开宗明义的第一句话就是"温邪上受，首先犯肺"，指明了温邪的传入是从口鼻而来的，首先会出现肺经症状。如果不能及时外解，就会顺传阳明或逆传心包，与伤寒之邪按六经传变完全不同。其中"逆传心包"之说，的确属于对温病传变认识的一大创见，也是对《伤寒论》六经传变理论的一大突破。

四季药名诗

（清）叶天士

春

春风和气满常山，芍药蓖麻及牡丹。

远志去寻使君子，当归何必问泽兰。

夏

端阳半夏五月天，菖蒲制酒乐丰年。

庭前几多红娘子，笑道槟郎应采莲。

秋

秋菊开花满地黄，一回雨路一回香。

扶童便取葡萄酒，醉到天南星大光。

冬

冬来无处可防风，白纸糊窗重复重。

睡到雪消扬起石，户悬门外白头翁。

　　四首诗含有常山、芍药、牡丹、远志、使君子、当归、泽兰；半夏、菖蒲、红娘子、槟榔；地黄、茴香、童便、天南星；防风、白芷、阳起石、白头翁等19味药名，道出了叶天士先生的高雅情趣。

程砚秋虚心拜轿夫

程砚秋（1904—1958），满族正黄旗人，最早的官名是承麟，砚秋的恩师罗惇曧先生（字瘿公）做主把"承"改为汉姓的"程"。程砚秋最初的艺名是菊侬，1918年改为艳秋，取意于"艳于秋者厥为菊"，字玉霜。1932年起改艺名为程砚秋，取意"砚田勤耕秋为收"，改字御霜。著名京剧表演艺术家，"四大名旦"之一，青衣程派创始人。

程砚秋自幼学戏，演青衣，师从陈啸云。程砚秋在艺术上勇于革新创造，讲究音韵，注重四声，追求"声、情、美、永"的高度结合，并根据自己的嗓音特点，创造出了一种幽咽婉转、起伏跌宕、若断若续、节奏多变的唱腔，形成独特的艺术风格，世称"程派"。程砚秋集创作、演员、导演三者于一身，所取得了卓越成就，是京剧艺术近百年来所能达到的高峰之一。这些成就与他的勤奋、创新有关，更离不开他的谦虚好学。在京剧界至今流传着一则他"拜轿夫为师"的故事。

为了能在演出时走出剧中人物"端庄流利、刚健婀娜"的台步，程砚秋每天坚持勤学苦练。他按照传统的方法，手挡肚子，脚后跟后压，

两腿间夹着扫帚，每天走一百多回，常常练得脚疼腿麻，浑身发软。冬练三九，夏练三伏，凭着顽强的毅力和艰辛的付出，程砚秋终于练成了稳重端庄的台步，获得了观众的好评。

然而，成名后的程砚秋并没有固步自封，依然坚持每天勤学苦练。有一次，他与朋友上山游玩，看到一位轿夫从身边走过。朋友们都没有在意，但程砚秋却被轿夫深深地吸引住了。

按理说，在陡峭的山路上，常人要走稳都很困难，可轿夫在抬着轿子时，却能步履稳健，沉着自如。于是，程砚秋便跟在轿夫身后，模仿他们的姿势，不知不觉走了几里山路。起初轿夫并没有在意，走了一段路后，轿夫们越来越纳闷："这人怎么会这样？学什么不好，单单跟在人家身后学走路，从来没见过。"

于是，轿夫停下来问程砚秋。程砚秋如实相告，并说想拜他们为师，学其步法。轿夫们听了，都被他的谦虚精神所感动，欣然答应。于是，就有了这则广为流传的程砚秋"拜轿夫为师"的故事。

程砚秋不仅在京剧艺术上保持谦虚好学的精神，为人处事也是处处谦恭。

1930年，程砚秋在上海。国人自营的"长城"唱片公司为了在市场竞争中压倒当时外国的唱片公司"百代"和"高亭"，特别邀请了名角来灌制他们的特别唱段，其中有一张由四大名旦合灌的"四五花洞"，剧中人潘金莲唱的四句慢板由尚小云、梅兰芳、程砚秋和荀慧生每人唱一句。然而，由谁先唱，谁轮第二句、第三句和谁唱最后一句而产生了问题。依照当时这四位名旦的名气地位来说，梅兰芳唱第一句是没人有意见的，但第二句由谁来唱就有了争议，尚小云第一个很客气地说到"我唱第三句"，说完就因为轮到他还早，就说：出去走走等会儿再回来。这时，担任提调的梅花馆主郑子褒开始发愁留下的荀慧生和程砚秋谁唱最后一句，想让荀慧生唱最末一句，却难以开口。正在为难时，程砚秋主动提出"我最年轻，应该我唱最末的第四句"，这句话让梅花馆主放下了心中的石头。

程砚秋谦逊礼让、不计排名，使灌制"四五花洞"的唱片圆满成功，这张唱片到今天已是罕见的珍品。试想，如果程砚秋当时不自谦地放弃灌唱名次前后，那么这张唱片也许就不一定能录制成功，也就没有了四大名旦合作录制的佳话了。

■故事感悟

名家所取得的成就各不相同，但他们拥有一个共同的品德——谦虚。无论对待自己的家人还是对待外人，他们总是温恭自谦，这种谦逊的精神不仅值得我们尊敬，更值得我们学习。

■史海撷英

程砚秋创立"程派"

程砚秋幼年时，家道中落，6岁投到荣蝶仙门下练习武功，跟荣春亮习武生。一年后，他又随名武生教师丁永利学戏。后因扮相秀丽，改从陈桐云习花旦。后又因其嗓音极佳，改学了青衣，师从陈啸云。

程砚秋童年时的基本功训练异常艰苦，但他都以惊人的毅力坚持下来。他11岁登台，12岁开始商业演出，以其超凡的唱、念、做、打文武之功崭露头角，令行内外耳目一新。在北京丹桂茶园（原东安市场内），他与赵桐珊、刘鸿声、孙菊仙等合作演出了《桑园寄子》《辕门斩子》《朱砂痣》等戏。

1917年，13岁的程砚秋因嗓子倒仓，暂时停止了演出，继续学习深

造。嗓子变声后,他又得到了诗人罗瘿公的帮助,先从阎岚秋(九阵风)、乔蕙兰、谢昆泉、张云卿等名家学把子、身段和演唱,后来又拜梅兰芳为师,更受到王瑶卿的教导和点拨,并在罗瘿公的指导下,广泛涉猎文学作品和绘画、书法、舞拳练剑、电影等多种艺术,极大地提高了自己的艺术修养和美学情趣,为日后的艺术创作奠定了坚实的基础,逐渐形成自己的独特风格,人称"程派"。

■ 文苑拾萃

绝句

程砚秋

松柏青青入眼同,好花不竞一时红。
惊心尚有东篱菊,正在风霜苦战中。

大将军李相拜"一字师"

　　李相(生卒年不详),唐代著名武官,对文学颇为热爱,以好学而著名。

　　李相是唐代的一名武官,虽身为武官,但他对文学颇为偏爱,最喜欢读史书《左传》。无论公务怎样繁忙,他每天都坚持读一卷书。

　　李相少年时因家贫无法拜师读书,长大后常常以此为憾。他读《春秋左氏传》时,总是把鲁国大夫叔孙婼的"婼"字读成"若"。李相身边有个小文官侍读,每当李相把"婼"读成"若"字时,那小文官的脸色就显得极不自然。

　　李相对小文官的举动感到很奇怪。一天,他怎么也忍不住了,就问小文官是否也常读《左传》,小文官忙点头。李相严肃地追问他为什么自己一读叔孙婼时,他的表情就很怪异。小文官看李相十分严肃,以为是责怪自己,连忙躬身跪倒,恭谨地回答道:自己过去随老师读《左传》时,"婼"字读法与将军的读法不一样。现在听将军把"婼"字读做"若",才知道老师的读法有误,故而羞愧难当……

　　李相听他说是老师教错了,不由得心中暗自生疑。后来,小文官坦

言说自己小时候读书没拜过老师，是按本朝陆德明先生的《经典释文》上的注音读的……李相顺手从书橱上取下《经典释文》，仔细一看，才知道自己把"婼"字注音看错了。

其实，小文官做的这一切，都是在委婉地为李相纠正错误。李相顿时满脸通红。他觉得自己身为高官，熟读《左传》，多次误读而不自知，若不是小文官给予纠正，恐怕这辈子就一直误读下去了。想到这里，李相立即离开座位，把太师椅放在北墙边，请小文官坐上去接受自己礼拜。小文官哪里敢坐？他紧张地说："这是相公的金座，小人岂敢越礼僭坐！"李相把小文官按在坐椅上说："不许动，不然，我要生气了！"小文官不敢拂逆，坐也不是，不坐也不是，局促不安，十分尴尬。李相站在南面，整了整衣冠，然后面朝北，向着坐在太师椅上的小文官躬身下拜。小文官又要离座，李相喊道："不许动！"小文官见此情形，知道李相是诚心诚意的，只好尴尬而又勉强地坐在太师椅上。李相面向小文官，整了整衣冠，躬身施礼。

行过礼后，李相诚恳地说："我身居高位，却常读错字，实在惭愧。从今以后，你就是我的'一字师'，我要再读错字，请你一定要给我指出来，千万不要客气啊！"

小文官见身为高官的李相如此虚心求教，不耻下问，深为感动。从此以后，他便将自己从师所学的学问都教给了李相。这样，李相的学问也就与日俱增了。

□故事感悟

身为大将军的李相能清晰地认识到自己的不足，虚心向小文官求教。因为谦虚，使他发现了自己的错误，也是在谦虚的心态下，他才能不断进步，丰富自己的才学。

人非圣贤，一个人的头脑再聪明，也不可能成为百科全书。要使自己少出错，就要虚心向他人学习。

■史海撷英

太宗纳贤

贞观三年（629年），唐太宗下诏让官员们上书议论国家大事，提出自己的看法和建议。中郎将常何递上来的奏章引起了唐太宗的注意。那奏章一共写了20条建议，而且都切中要害，说理清楚，文笔也很好。唐太宗很了解常何，知道他没有什么文化，根本写不出这样的奏章，就把常何叫来，问他到底是怎么回事。常何禀告唐太宗，那奏章是他的门客马周写的。

马周本是山东地区的一个老百姓，起初在州里教书，因为爱喝酒，经常被当地官员斥责，后来干脆辞职不干了。马周四处游历，由于他衣衫破烂，走到哪儿都被人看不起。有个人见他通晓文墨，就介绍他到常何家去记账，这份奏章就是他帮常何写的。

唐太宗听了不但没有生常何的气，反而非常高兴，他让常何快把马周请来，自己在宫里焦急地等待。马周一时没到，唐太宗等不及了，一连四次叫人去催促。马周来了后，唐太宗和他谈了很久，发现他确实是个奇才，心里非常高兴，任命他为监察御史，后来还任命他做了中书令，成为了朝廷重臣。

萨都剌千里求一字

薩都剌（1305—1355），字天錫，號直齋。元代著名詩人、畫家、書法家。答失蠻氏（回族）人。《四庫全書總目》記載他是蒙古族人。薩都剌給後人留下了將近八百首詩詞，詩作風格清婉，多寫自然景物，間或寫民間疾苦，有懷古也有傷今，訴述個人和社會的不平。詩詞作品以善於描寫自然景物為後人推崇。他本人被稱做"雁門才子"。

元代作家薩都剌是西域少數民族人，擅寫詩詞，他的詩詞清新俊逸，兼有一些豪邁奔放之作。薩都剌還十分喜歡遊歷名山大川，在遊歷中，他還寫下了一些描寫自然風光的詩作。

有一年，薩都剌來到杭州。他久聞杭州的美名，本想盡情地遊覽一番，不巧，連綿的陰雨沒完沒了。薩都剌冒雨來到了西子湖畔。

雨中的西湖別有一番風韻，湖中的碧波，岸邊的翠柳，都罩在濛濛的煙雨中，如同一幅巨大的水墨畫。薩都剌被眼前的美景深深地吸引住了。他不僅遊了西湖，還乘興來到了著名的天竺寺。

這時天色已晚，但下了幾天的牛毛細雨這時卻悄然停止，一輪明月洒下了碎银般的清辉。

这次西湖之行给萨都剌留下了极为深刻的印象。离开杭州之后，他写了一首七律，题为《寄贺天竺长老欣笑隐召住大龙翔集庆寺》，寄给杭州天竺寺的长老：

> 东南隐者人不识，
> 一日才名动九重。
> 地湿厌闻天竺雨，
> 月明来听景阳钟。
> 衲衣香暖留春麝，
> 石钵云寒卧夜龙。
> 何日相从陪杖屦，
> 秋风江上采芙蓉。

诗的颔联，写的是作者因连天的秋雨而心情烦闷，久雨初晴之后的夜晚来寻访天竺寺，踏着明月的清辉，听见悠久的钟声，心胸顿时开朗起来。

这两句诗情景交融，对偶工丽，博得许多人的赞赏，被人传诵一时，萨都剌也感到很得意。

可是，一天，萨都剌收到一位山东老人寄来的信。信中说道："全诗意境颇佳，颔联允称妙句，摹景状物，别有意境。不过，还不能算尽善尽美。因为上半联已有一个'闻'字，下半联又用一个'听'字，字虽有异，却皆隐'耳'意，恰犯诗家大忌，必须改一下才妥。"

萨都剌读罢信，沉思了很久，感到这位老人说得很有道理。他花费了很多时间来修改这首诗，换了很多字，却没有一个满意的。

这件事成了萨都剌的一块心病。他觉得，无论如何也要把诗改到满意为止。看来只有一个办法了，那就是到山东去找那位老人，登门求教。

萨都剌踏上了寻师之路。从他的家乡到山东有近千里路，虽然他是个爱玩的人，但这时也顾不上游山玩水了，一门心思赶路。

萨都剌按照来信的地址，来到了一个幽静的小山村，终于找到了老人的家。

这是一座整洁、幽美的小院落，须发皆白的老人接待了萨都剌。萨都剌恭恭敬敬地鞠了一躬，拿出书信，对老人说明了来意。

老人听了又惊又喜，没想到他的一封书信竟让萨都剌跑了这么远的路。老人被萨都剌这种谦虚好学的精神感动了。他忙把萨都剌让到屋里，摆上家酿的米酒和新鲜的瓜果，热情招待萨都剌，并谈起诗来。

老人对萨都剌说："你说你换过不少字眼，都不合适，我看不如用一个现成的。"

萨都剌忙问道："什么现成的，请老人家指教。"

老人笑着说道："唐诗中有一句'林下老僧来看雨'，不妨借用过来，改成'地湿厌看天竺雨，月明来听景阳钟'。"

萨都剌听了，拍案叫绝，大为叹服。的确，上半联的"看"字隐"眼"意，下半联的"听"字隐"耳"意，一"看"一"听"，目睹耳闻，不仅更符合诗的"工对"，而且愈发显得情景交融，意境更美！

萨都剌起身向老人深深地鞠了一躬，他想，这一次旅行，收获真是太大了！

从表面看，萨都剌为了一个字，竟跑了千里路，实在有些得不偿失。其实，他所做的远不止一个字，而是谦虚、谨严的学风。"千里之堤，溃于蚁穴"，今天放过学业上的小漏洞，养成了自满、浮躁的习气，将来就会引起大乱子。

■史海撷英

萨都剌的族别

关于萨都剌的族别，曾经有过几种说法。多数人认为他是回族人，但也有人认为他是蒙古人、畏吾儿人，甚至有人说他是冒充回族的汉人。

早在1923年，陈垣先生在其所撰的《元西域人华化考》中，就曾对此做过严谨翔实的考证，判断萨都剌为回族人。但迄今仍有持异议者，争议的焦点主要是：萨都剌究竟是回族人还是蒙古族人？直到目前为止，报刊、诗文选、文学史和辞典、工具书等出版物，对萨都剌族别的介绍，虽然这两种说法都存在，但通过探讨，大多数已逐渐倾向于回族说，放弃了早先坚持的蒙古族说。不过，视萨为蒙古族者还不时出现。

■文苑拾萃

鬻女谣

萨都剌

道逢鬻女弃如土，惨淡悲风起天宇。
荒村向日逢野狐，破屋黄昏闻啸鬼。

人夸颜色重金壁，今日饥饿啼长途。
悲啼泪尽黄河干，县官县官何尔颜。
金带紫衣郡太守，醉饱不问民食艰。
传闻关陕尤可忧，旱荒不独东南州。
枯鱼吐沫泽雁叫，嗷嗷待食何时休。

周文王求贤背姜子牙

周文王（公元前1152—前1056），姬姓，名昌，季历之子，商末周部落首领。商纣时为西伯，故亦称"伯昌"。任用"太颠""散宜生"等能人，施行裕民政策，国力日盛，却为纣所忌，囚之于羑里，囚禁期间，写下《周易》一书。后献"有莘氏之女""骊戎之文马"等宝物及疏通朝臣始得获释。他曾解决虞、芮两国的争端，出兵进攻犬戎、密须、黎国、邢，又击灭崇国，修建都城丰邑，并扩充势力到长江、汉水、汝水等流域，作灭商准备，传说其晚年已取得"三分天下有其二"的局面。正妃太姒为其生十子：依次为伯邑考、武王发、管叔鲜、周公旦、蔡叔度、曹叔振铎、成叔武、霍叔处、康叔封、冉季载。文王临死时，嘱其次子发早图灭商。

姜子牙是一位有雄才大略的人。他年轻时胸怀济世之志，欲施展自己的抱负，可是一直怀才不遇，大半生处于穷困潦倒之中。

姜子牙曾在朝歌宰过牛，又在孟津卖过面，转眼便到了垂生暮年，两鬓白发。

后来，他听说当朝贤主周文王的圣名后，便来到渭水河畔，假借垂钓之名来观望时局，希望能得到周文王的赏识，使自己的才华得以施展。

时间一年年地过去了，姜子牙的头发也由花白变成了全白，仍然没有等到文王。他每天投竿抛饵，两膝跪踞的石头上，已把石头磨出了两个浅浅的小坑。

人们见他一直垂钓，却毫无收获，都劝他放弃，他却说："你们是不懂其中的奥妙的！"依旧每日坚持垂钓。

有一天，姜子牙在河边垂钓，从身后的大路上来了一辆马车。车后面跟着的人都垂丧着脸，其中有的人还哭哭涕涕，就连赶车的人也哭丧着脸。

姜子牙问明原因，得知道车中躺着的人是这家的大公子，在出门拜师求学途中，突然昏迷不醒。找了几个郎中看了，都说是得了不治之症，让赶紧回家准备后事。

姜子牙用手撩起车帘看了看，说："诸位不必悲伤，尽管放心，此人三日内必好。"但是，当时没人相信一个穷困潦倒的钓鱼老头说的话。

几天后，姜子牙又在钓鱼，从城中出来一队人马直奔他而来。到了他钓鱼的地方，从车里走出一位英俊青年，到姜子牙面前叩头便拜，嘴里不停说他是自己的救命恩人，一定要拜姜子牙为师。

原来，这个青年就是前几天躺在车里的人。他的父亲是当朝重臣，正在辅佐周文王治理国家。此时，他要把姜子牙请回家中当老师，并许以重金，还想认姜子牙为义父，但都被姜子牙婉言谢绝了。

又有一天，姜子牙依然在钓鱼，从大路上走过来两个武将打扮的人，每人牵着一匹高头大马，正值中午，马要饮水，人要洗脸。

姜子牙看了看一人的面相，叹了一口气，说："老朽看你印堂发黑，有赤脉贯瞳，如果现在回去马上救治还来得及，否则你七日内必死。"

但这两人冲着姜子牙哈哈大笑了一阵，说姜子牙是疯老头，说完后毫不在意地扬长而去。

原来，这两个人正是周文王属下负责守城的副将，其中一个人第五天突然暴病而亡（用现代面相术语说，赤脉贯瞳是人的眼球突然出现大量血丝，说话时语言略有颠倒和迟钝，行走时步伐不稳，视力有双影出现。这是患脑溢血的前兆。其人暴病而亡，很可能是患脑溢血而死）。

"渭水河边有个钓鱼的穷老头能断人生死，百发百中。"这件事在城里一下子就传开了，姜子牙也名声大噪。

同时，这些话也传到了周文王的耳朵里。"一个钓鱼算卦的穷老头，对国家能有什么用呢？"

周文王对这些传言并没有放在心上。

日子就这样一天天地过着，姜子牙依然天天在渭水河边钓鱼。

一天，周文王打算出去打猎，占卜的结果说："出猎所获不是龙也是貔，不是虎也不是熊，而是能够辅佐你成就霸业的人才。"

周文王又回想起梦中先人说过的话，"圣人出现之日，就是周拯兴之时"，于是满心欢喜地外出打猎，不经意间就来到了渭水之滨。

幽静的林间传来了阵阵马的嘶鸣，喧哗的人声也由远而近。姜子牙看见一个王者打扮的人向这边走来。

周文王见这位垂钓老者一副超然物外的神情，便上前与他交谈起来。姜子牙不失时机地告诉文王自己的身世，两人谈得非常投机。

让周文王惊讶的是，一个天天以钓鱼为乐的穷老头，对天下大事以及国家的文治武攻知道得十分清楚，知识又是如此渊博，而且观点新颖、见解独到。而且，他还发现这个钓鱼的穷老头对五行数术及用兵之法有很深的造诣。

求贤若渴的周文王从姜子牙睿智、机敏的谈吐中发现，此人正是自己所要寻访的大贤。文王高兴地感叹："我的先祖太公，早就寄希望于您啦！"

于是，周文王就用最隆重的礼节款待姜子牙，并把他让上自己坐的马车。

可是，这个穷老头却不识抬举，看到周文王这么尊重他，他反倒摆起谱来。他不但不上周文王的马车，还非让周文王亲自背着他回城。

当时，天下可是没有第二个人能坐上周文王的车。让他坐在车里，文王亲自为他赶车还不行，这已经是天下最重的礼遇了，除姜子牙外天下还没有第二个人能遇到这样的礼遇。

这可难为了周文王：不背吧，国家朝廷求贤若渴，正是用人才的时候，不能失去这位难得的人才；背吧，面子又不好看，自古以来哪有国君背臣民的？

然而，为了国家兴旺就不要考虑个人面子了。想到这里，周文王真的恭谦地给姜子牙行礼，然后背起来姜子牙向城中走去。

走了一小段的路程后，周文王累得满头大汗，气喘嘘嘘。

趴在周文王背上面的姜子牙似乎一点也不知体谅别人，看到把文王累成这样，嘴里却总是说："再多走几步……"

周文王实在走不动了，就把姜子牙放了下来。

这时周文王累得也顾不上国君的面子了，坐在地上满脸流汗，姜子牙看着累得汗流满面的周文王，笑着对他说："你一共背我走了294步，我要保你大周江山294年，一步一年呀！"说完，他又哈哈大笑起来。

文王听了姜子牙的话后，立刻来了精神头，也不感觉累了，一骨碌爬起来拽过姜子牙还要背。

而这时姜子牙却笑着说："再背就不灵了，就294年吧，我们坐车回城。"

后来，周文王把姜子牙请到朝中，每每遇到大事，都会谦虚地向姜子牙请教，姜子牙也辅佐文王之子武王灭掉了商纣王，武王尊他为军师和先生。

□故事感悟

姜子牙为了辅佐周文王，一心直钩钓天下。而周文王也求贤若渴，为能使国家兴旺，他放下个人的面子，谦虚恭敬地对待姜子牙，甚至亲自背着姜子牙行走。姜太公是齐国的缔造者，是周文王倾商武王克殷的首席谋划者、最高军事统帅与西周的开国元勋，亦是中国古代的一位影响久远的杰出韬略家、军事家与政治家。历代典籍都公认他的历史地位，儒、道、法、兵、纵横诸家皆追他为本家人物，被尊为"百家宗师"。

姜太公钓鱼，愿者上钩

姜太公又称姜尚，字子牙，东海上人。

姜尚的钓法奇特，短干长线，线系直钩，不用诱饵之食，钓杆也不垂到水里，离水面有三尺高，并且一边钓鱼一边自言自语："姜尚钓鱼，愿者上钩。"

一个叫武吉的樵夫看到姜子牙不挂鱼饵的直鱼钩，嘲讽道："像你这样钓鱼，别说三年，就是一百年，也钓不到一条鱼。"

姜尚说："你只知其一，不知其二。曲中取鱼不是大丈夫所为，我宁愿在直中取，而不向曲中求。我的鱼钩不是为了钓鱼，而是要钓王与侯。"

后来，姜尚果然钓到了周文王姬昌。姬昌兴周伐纣迫切需要人才，得知年已古稀的姜尚很有才干，他斋食三日，沐浴整衣，抬着聘礼，亲自前往磻溪应聘，并封姜尚为相。

姜尚辅佐文王，兴邦立国，帮助姬昌之子周武王姬发，灭掉了商朝，自己也被武王封于齐地，实现了建功立业的愿望。

□文苑拾萃

鞠歌行

（唐）李白

玉不自言如桃李，鱼目笑之卞和耻。
楚国青蝇何太多，连城白璧遭谗毁。
荆山长号泣血人，忠臣死为刖足鬼。

听曲知宁戚，夷吾因小妻。
秦穆五羊皮，买死百里奚。
洗拂青云上，当时贱如泥。
朝歌鼓刀叟，虎变磻溪中。
一举钓六合，遂荒营丘东。
平生渭水曲，谁识此老翁？
奈何今之人，双目送飞鸿。

第三篇
兼听则明偏信则暗

● "苏黄" 教学相长

苏轼（1037—1101），字子瞻，又字和仲，号东坡居士，世人称其为"苏东坡"。汉族。眉州（今四川眉山）人，祖籍栾城。北宋著名文学家、书画家、词人、诗人、美食家，"唐宋八大家"之一，豪放派词人代表。其诗、词、赋、散文均成就极高，且善书法和绘画，是中国文学艺术史上罕见的全才，也是中国数千年历史上被公认文学艺术造诣最杰出的大家之一。其散文与欧阳修并称"欧苏"；诗与黄庭坚并称"苏黄"；词与辛弃疾并称"苏辛"；书法名列北宋四大书法家"苏、黄、米、蔡"之一；其画则开创了湖州画派。作品有《东坡七集》《东坡乐府》《前赤壁赋》与《后赤壁赋》等。

苏轼是北宋时期成就很高的文学家。他不仅散文、诗、词写得很好，而且书法、绘画也很好，是个多才多艺的文人。

苏轼杰出的成就，使他在知识分子中享有很高的声誉，当时不少文人学士纷纷向他求教，黄庭坚就是其中的一个。黄庭坚寄来书信和两首《古风》向苏轼请教，苏轼谦逊地称赞黄庭坚的《古风》"托物引类，真

是古诗人之风"。

苏轼对后辈的培养提拔非常认真，但他从不把自己的文学爱好强加于他的门生，而是让他们各自发展自己的艺术风格。黄庭坚总是跟随老师，如饥似渴地寻求知识，苏轼也把自己的诗文、书法技艺毫无保留地教给黄庭坚。苏轼在传授知识时，不仅处处严格要求黄庭坚，而且经常诱导他和其他学生给自己"挑刺"。

有一次，苏轼对黄庭坚说："我近来揣摩了你的文章，总感到这些诗文好像那种不可多吃的酒宴上的珍品，虽然格律齐整，声韵有致，却不可多吃。多吃了，就会无益于健康！"接着，苏轼详细地分析了这些诗文的优缺点，随后说："我已经评估了你的文章，但我也有一个要求，请你也评一评我的诗文，当然只准挑刺，不必褒奖。"黄庭坚一听很不好意思，在苏轼的催促下，他仔细思虑了一番，才鼓起勇气说："先生，您的文章固然妙绝于世，可您写的诗比起古人来，却是大为逊色啊！"苏轼听了，连连点头，不禁说："评得有理，评得有理！"

又一次，苏轼和黄庭坚练习书法，边练边说："你近来写的字开始有清劲之感，但有些过于硬瘦，好像那树梢上挂着一条蛇一样。"接着苏轼又照例要求黄庭坚评价自己的作品。黄庭坚说："老师的字总的看写得很好，但有时却使人感到写得过浅。恕学生冒昧直言，有的字就像石压蛤蟆一样。"一语既出，黄庭坚觉得出言不逊，心里有点惶惶不安，谁知苏轼却说："你已有这般眼力和勇气，足见大有长进！大有长进！"苏轼竟高兴得放声大笑起来。

苏轼是严格的老师，又是敦厚的长者。在苏轼的影响下，黄庭坚养成了深入研究问题的习惯，后来他很有成就，与苏轼并称为"苏黄"，名扬四方。

苏轼作为一代文学大家，并不恃才傲物，而是谦逊恳求他人给自己提意见，这种谦虚治学的态度值得后人学习。

画扇还钱

在杭州灵隐寺大雄宝殿里有这样一副对联，上联是"古迹重湖山，历数名贤，最难忘白傅留寺，苏公判牍"。白傅是唐代大诗人白居易，苏公便是北宋大文学家苏轼。据史书记载，苏轼在杭州任职时，有人向他控告一个制扇子的人借钱不还。苏轼将那个制扇子的人找来询问，那人说："小人以制扇为业，适今春以来，所制不售，非固负之也。"苏轼把他的扇子拿来，在上面题字作画，顷刻而就，然后交给制扇人，那人拿着这些扇子还未出府门，就被人以高价抢购一空，不但还清了债务，而且还有富余。这个画扇判案的故事，在杭州民间成为佳话，流传至今。

苏 轼

去岁九月二十七日，在黄州，生子遁，小名干儿，颀然颖异。至今年七月二十八日，病亡于金陵，作二诗哭之。

其一

吾年四十九，羁旅失幼子。

幼子真吾儿，眉角生已似。

未期观所好，蹁跹逐书史。

摇头却梨栗，似识非分耻。

吾老常鲜欢，赖此一笑喜。

忽然遭夺去，恶业我累尔！

衣薪那免俗，变灭须史耳。

归来怀抱空，老泪如泻水。

其二

我泪犹可拭，日远当日忘。

母哭不可闻，欲与汝俱亡。

故衣尚悬架，涨乳已流床。

感此欲忘生，一卧终日僵。

中年忝闻道，梦幻讲已详。

储药如丘山，临病更求方。

仍将恩爱刃，割此衰老肠。

知迷欲自反，一恸送余伤。

何澄听童言改画

何澄（1217—约1315），燕（今河北省）人。金末元初画家。金哀宗时官至太中大夫、秘书少监，元代武宗至大初晋升为中奉大夫，授昭文馆大学士，领图画总管。工画人物故事，亦善山水。曾画《陶母剪发图》，颇有影响。传世作品有《归庄图》卷。

何澄是元代的著名画家，有许多名画流传于后世。

有一次，何澄创作了一幅画，许多朋友和学生都抱着"先睹为快"的目的纷纷登门拜访。

何澄带大家走进了自己的画室，画室的四壁都挂着他的画作。

大家边看边谈论，气氛十分热烈和谐。一会儿，他们来到一幅画前停下来。这时，何澄的朋友张一捧问："何兄，这幅画就是新作吧？"何澄笑着点了点头，大家的眼光随即都落在这幅新作上。只见画面上画着一位四十多岁的妇女，长长的头发披搭在胸前，左手抓着头发，右手拿着剪刀，正在剪那黑发……

"这幅画，无论是人物的肖像，还是身上的装饰，老师都是费了一

番心思的。"一个学生啧啧叹道。

"画画最难的就是眼睛……你们看这两只眼睛，含着无限的情韵，是舍不得把珍贵的头发剪掉呀！"张一捧说。

这时，一个学生提出让何澄老师给大家讲讲这幅画的构思。何澄慢慢地说："这原是个典故，据说晋朝政治家陶侃年幼时家境贫困，父亲不幸早亡，母亲靠纺织供他读书、交友。一次家中有朋友来访，陶侃家贫无力招待，陶母便剪下了自己的头发让他去换酒买菜，从此这故事便成为美谈。我因心有所感，所以把这一素材进行加工，画成这幅人物画《陶母剪发图》！"

这时，从人群中走出一个小孩，这个小孩就是长大后当官的岳柱，他当时只有八岁。他见大家在欣赏何澄的画，自己也夹在里面看看。他说："这幅画画得不真实！"

岳柱的一句话就像一把盐撒在油锅里，顿时炸开了。张一捧等人都责怪小孩多嘴。

但站在旁边的何澄却和颜悦色地问："那你来说说，这幅画哪里不对呢？"

岳柱回答说："刚才听您说了，陶母家里很穷，没有钱买酒菜请客人，只好剪掉头发卖钱买菜招待客人。可是既然陶母家很穷，那您为什么给她戴上金钗子呢？她可以把金钗子拿去卖钱呀，这不是比卖头发更值钱吗？"

张一捧听后哑口无言。何澄听后却点点头说："你的意见提得很好，戴着金钗子，她就不是穷人，而是一个富贵女人了。"说着，转身拿起画笔，把陶母手上的金钗子改了。

人非圣贤，孰能无过。但又有几人能做到像何澄般虚怀若谷，能让八岁孩童指出自己的过错呢？人生道路上只有始终保持一颗谦虚的心，才能让自己少犯错误。

岳柱巧驳私塾师

元朝时期，有一位名叫菅邱子的人，在一所私塾里当先生。他对元朝的统治很不满，可又无法摆脱，常常借酒浇愁，渐渐养成了懒散的习性，经常在课堂上打瞌睡。在他所教的学生当中，有个名叫岳柱的孩子，家虽贫寒，却聪明好学，遇事爱动脑筋。

有一天上习字课，菅邱子让学生按字帖写字，自己伏案睡觉。这下课堂里乱了套，学生们开始嬉笑玩耍起来。岳柱趁众学生闹得起劲时，悄悄走到讲台旁，摇醒正在打瞌睡的菅邱子，低声问道："先生，您为什么老是打瞌睡？"

菅邱子正在做梦，朦胧中被岳柱摇醒，有点丈二和尚摸不着头脑，因此故作神秘地回答："我是到梦乡去见古圣先贤去了，就像孔子梦见周公那样，然后将古圣先贤的教训传授给你们。"说完便摇头晃脑地吟起："采菊西篱下，悠然见北山。"

"不对呀，应该是'采菊东篱下，悠然见南山。'"岳柱纠正道。

菅邱子叹息道："茫茫人世，芸芸众生，人妖不分，何分东南西北！"

岳柱知道，菅邱子所谓的梦中托言都是谎词，但他想让菅邱子改掉打瞌睡的坏毛病。左思右想，终于想出了一个好办法。

第二天上课时，菅邱子正教学生念书，忽然发现岳柱在打瞌睡，便大

声呵斥道："懒惰成性，真是朽木不可雕！"

可岳柱却不慌不忙地站起来说："先生，您冤枉人了，我是在学习呀！"

菅邱子更怒了："明明是打瞌睡，还敢诡辩！"

"真的，我到梦乡去拜见古圣先贤去了，就像您梦见古圣先贤一样。"

菅邱子有意刁难岳柱，问："古圣先贤给了你一些什么教训？"

岳柱从容答道："我见到了古圣先贤，就问他们：'我们的先生几乎每天都来拜望你们，你们给了他些什么教训？'但他们回答：'从未见过这样一位先生。'"

菅邱子听了，顿时瞠目结舌，继而满脸羞愧。没想到一个身高齐腹的孺子，竟能以其人之道还治其人之身。从此，他改掉了打瞌睡的毛病，对岳柱也更是悉心栽培。

□ 文苑拾萃

虚怀若谷

这个成语是指胸襟像山谷一样宽广，形容非常谦虚，能容纳很多意见。语出先秦·李耳《老子》："敦分其若朴，旷分其若谷。"

《老子》中说："古之善为士者，微妙玄通，深不可识……敦分其若朴，旷分其若谷。"又说："上德若谷。"后来便以"虚怀若谷"形容非常虚心，心胸开阔。

所谓"大盈若缺，大智若愚"，意思是说，最大的声音反而听不见，最白的东西反而有污点；勇敢的人看上去像胆小鬼，睿智的人看上去却很糊涂。圣人的胸怀广大得好像天地间的风箱，又好似山间的低谷，无边无际。因为低谷容易充满，而高岭容易失去。只有汇小溪、纳百川才能成为江海湖泊。这才是《道德经》中"虚怀若谷"的真谛！

范仲淹兼听则明

范仲淹（989—1052），字希文，原名朱说（悦音）。北宋政治家、文学家、军事家，谥号"文正"。汉族。祖籍陕西彬州（今陕西省咸阳市彬县），生于苏州吴县（今江苏省苏州市）。宋真宗大中祥符八年（1015年）进士，恢复范姓，后官至参知政事（副宰相）。

范仲淹是北宋著名的政治家、军事家和文学家，做过枢密副使，参知政事，既是文臣，又是武官。他在幼年时就立下大志，为实现自己的远大抱负，他虚心学习，不耻下问，昼夜诵读诗书，成年后仍然保持谦虚的襟怀。

范仲淹在浙江桐庐做官时，因为十分敬仰崇拜严子陵，特地为严子陵建造了一座祠堂。严子陵是东汉初年人，是刘秀的同学。刘秀做了皇帝以后，就召严子陵到京城做谏议大夫，严子陵不肯为官，隐居在富春山。相传严子陵经常在富春江边上钓鱼，因此祠堂造在钓鱼台旁。

范仲淹为严子陵写了一篇记，其中有一首赞颂严子陵的诗，诗中写道："云山苍苍，江水泱泱（水深广的样子），先生之德，山高水长。"诗

写成以后，范仲淹把这首诗拿给至交好友李泰伯看，并让他提意见。李泰伯读后，再三叹服，然而觉得意犹未尽，他说："先生的诗是一首好诗，先生的文章一旦传出去，必定名闻于天下。我想冒昧地改动一个字，使它白璧无瑕。不知先生意下如何？"当时，范仲淹已是大名鼎鼎的政治家、军事家和文学家，给这样一个人提意见，李泰伯实在有点儿诚惶诚恐。

范仲淹听后，马上站了起来，拱手说道："是哪一个字，快请说出来。"李泰伯说："'云山'、'江水'等词句，从内容上说，十分宏伟开阔，博大奔放；从用词上说，极有气派，又与严子陵的居住环境吻合，韵味无穷。然而下面用一个'德'字接着它，似乎显得局促狭隘且浅白了，换个'风'字怎么样？"

范仲淹此时似乎凝住了呼吸，聚精会神地听着，听罢频频点头，连声称"妙"，说罢他又低低吟诵一遍："云山苍苍，江水泱泱，先生之风，山高水长。"果然味道与"德"字大不相同，改用"风"字既包含了"德"的含义，又有"风传千里""风流千古"的意味，更能反映严子陵的高风亮节，自己对严子陵的崇高敬意。想到这里，范仲淹对李泰伯佩服不已，嘴里说着："太好了，太好了，真是高见。"说着就要跪下来拜谢李泰伯。李泰伯一见，慌忙扶起范仲淹，连说"不必，不必"。

一日闲暇，范仲淹请友人蔡君谟谈谈对自己近作的看法。当时范仲淹已是权势赫赫的枢密副使，蔡君谟开始颇有顾虑，怕一语不当，得罪权贵。范仲淹看出了蔡君谟的想法，就笑着对他说："唐朝的魏征说过，'兼听则明'，作文吟诗，也应多听听别人的意见，切不可孤芳自赏，妄自尊大。你不必顾虑，请对拙作多加指教吧！"

蔡君谟打消了顾虑，坦率地说："大人的新作《采茶歌》远近闻名。

不过依愚下之见，其中'黄金碾内绿尘飞，碧玉瓯中翠涛起'一句，有些欠妥。歌中的'绿尘''翠涛'，色彩鲜艳诱人，可当今名茶，其色贵白，绿色乃是次品。黄金碾内，碧玉瓯中，竟是劣品。这妥帖吗？"范仲淹一听，恍然大悟，连声说："说得对！依先生之见，应该如何改呢？"君谟说："只要将'绿''翠'二字改成'玉''素'二字就贴切了。"范仲淹立即采纳了蔡君谟的意见。

范仲淹正是这样不断虚心听取别人对他诗文的修改意见，写文章常常字斟句酌，因此才有了"先天下之忧而忧，后天下之乐而乐"这样千古传诵的名句。

■故事感悟

任何人都有知识的盲区，有不如别人的地方，如果能虚心求教，就能以他人之长，补自己之短，不断地提升自己的水平。范仲淹之所以能成为历史上的名人贤者，除了其学识本领外，与他谦虚处世的品德是分不开的。

■史海撷英

"三光"大臣范仲淹

天圣六年（1028年），经晏殊推荐，范仲淹荣升为秘阁校理，即负责皇家图书典籍的校勘与整理工作，实际上也就属于皇上的文学侍从。

范仲淹一旦了解到朝廷的某些内幕，便会大胆地介入到险恶的政治斗争当中。他发现仁宗皇帝当时年已二十，可朝中的各种军政大事却全凭六十岁开外的刘太后一手处置。而且听说这年的冬至，太后还要让仁宗皇帝同百官一起在前殿给她叩头庆寿。范仲淹认为，家礼与国礼不能

混淆，这种损害君主尊严的事应该制止。于是他奏上章疏，批评了这一计划，后来索性再上一章，干脆请刘太后撤帘罢政，将大权交还给仁宗皇帝。

朝廷对此建议不但没有采纳，反而还降下诏令，将范仲淹贬离京城，调往河中府（今山西省西南部永济县一带）任副长官——通判。三年后，刘太后死去了，仁宗才将范仲淹召回京师，派做专门评议朝事的言官——右司谏。

明道二年（1033年），宋仁宗在时任宰相吕夷简的挑唆下，想废掉贤惠正直的郭皇后。范仲淹慷慨进谏，结果又被远放江外，去做睦州（今浙江桐庐县附近）知州。

几年后，范仲淹由睦州移知苏州，因为治水有功，又被调回京师，并获得天章阁待制的荣衔，做了开封知府。

范仲淹见宰相吕夷简大开后门，滥用私人，朝中腐败不堪。根据调查，他绘制了一张"百官图"，在景祐三年（1036年）呈给宋仁宗。吕夷简也不甘示弱，反讥范仲淹迂腐。最后，宋仁宗还是站到了吕夷简一边，将范仲淹贬为饶州知州。

不断地遭到贬黜，前来送范仲淹的亲朋已寥寥无几，但正直的王质却扶病载酒而来，并称许"范君此行，尤为光耀！"几起几落的范仲淹听罢大笑道："仲淹前后已是三光了，下次如再送我，请备一只整羊作祭吧！"

"三光"之后，在饶州附近做县令的诗友梅尧臣给范仲淹寄了一首《灵乌赋》，告诫他说，君在朝中屡次直言，都被当做乌鸦不祥的叫声，愿君此后缄默不语，少管闲事，可保平安，可荫妻子。但刚正不阿的范仲淹立即回了一首《灵乌赋》，禀复说，不管人们怎样厌恶乌鸦的哑哑之声，我却"宁鸣而死，不默而生"！

剔银灯·与欧阳公席上分题

（宋）范仲淹

昨夜因看蜀志。

笑曹操、孙权、刘备。

用尽机关，徒劳心力，只得三分天地。

屈指细寻思，争如共、刘伶一醉？

人世都无百岁。

少痴騃、老成尪悴。

只有中间，些子少年，忍把浮名牵系。

一品与千金，问白发、如何回避？

齐己拜郑谷为"一字师"

齐己（863—937），俗名胡得生，唐潭州益阳（今湖南宁乡）人。幼时家境贫寒，父母早逝，7岁即离开故乡到宁乡大沩山为峝庆寺放牛。齐己少年聪颖，放牛时经常拿竹竿在牛背上比划作诗。顺庆寺僧侣十分惊异，劝他剃度出家。后圆寂于江陵。著有《白莲集》十卷、诗论《风骚指格》一卷传于后世。《全唐诗》收录了其诗作八百余首，数量仅次于白居易、杜甫、李白、元稹而居第五。

晚唐时，有一位著名的诗僧齐己，他的诗歌风格清秀、淡雅，很为当时人所欣赏。齐己虽然是僧人，但他很少住在寺庙里，而是经常外出游历名山大川。美丽的自然风光，给他的诗歌创作提供了无穷无尽的素材，也激发了他的创作灵感。另外，他在游览风景名胜的同时，还很注意向各地的诗人学习，虚心求教，进一步提高了他的诗歌创作水平。

有一次，齐己来到袁州。他听说前辈著名诗人、曾任都官郎中的郑谷也在袁州，感到这是一次向前辈学习请教的好机会。这一天，齐己带着自己的部分近作去拜访郑谷。不巧，郑谷不在家，仆人便请齐己留下诗稿，说是替他转呈郑谷。

郑谷早就听说过齐己这位诗僧，当晚就在灯下仔细品味齐己的诗稿，读到好的诗句，还不时反复吟诵，读到下面这首五言律诗：

高山喧省阃，

雅颂出吾唐。

叠巘供秋望，

无云列夕阳，

自封修药院，

别下着僧床。

几梦中朝事，

久离鸳鹭行。

郑谷静静地读了两遍，放下诗稿，微微一笑，拿起笔在一张便笺上写了几句话，说齐己的这些诗的确写得不错，可以看出都是用心之作。不过这一首诗五律四十个字中，有一个字用得还不很贴切，请齐己考虑一下，这个字能不能再改一改。究竟是哪个字呢？郑谷没讲。

齐己接到郑谷的便笺后，拿着诗反复推敲。三天以后，终于找到了那个字，并改正过来。于是他又急忙前去见郑谷。

郑谷专门等在家中，一见齐己来访，忙迎了出去。两人一见面便谈起诗来。

齐己谦恭地说："我把'别下着僧床'改为'别扫着僧床'，您看怎么样？"

郑谷听了，连连点头称许。

的确，"别扫着僧床"比"别下着僧床"要形象得多。一个"扫"字，把僧床久未睡人，灰尘厚积的情景都反映出来了。而"下"字的内涵远没有这样丰富。虽然只改动了一个字，却比原来的好得多了。

过了几天，齐己又带着诗卷来见郑谷，其中有一首题为《早梅》的诗，是这样写的：

万木冻欲折，

孤根暖独回。

前村深雪里，

昨夜数枝开。

风递幽香出，

禽窥素艳来。

明年如应律，

先发望春台。

郑谷读罢，觉得齐己这首诗艺术上很成功，形象生动。但是美中不足的是，扣题还不够紧，没有突出一个"早"字。他把这个意见告诉齐己，建议他再改一个字。

齐己想了半天，怎么也想不出应该改哪个字，只得向郑谷请教。

郑谷说："'昨夜数枝开'一句中的'数枝'，不如改为'一枝'更好些。"

把"数枝"改为"一枝"，虽然只改动一个字，却把梅花顶风冒雪，不畏严寒，最先开放的精神品质写出来了，郑谷改得非常成功。

齐己一听，恍然大悟，佩服之至，当即拜郑谷为"一字师"。

□故事感悟

齐己虚心和善于学习的精神使他的文学素养不断得以提升。正因为如此，"一字师"才成为脍炙人口的故事而千载流传。

□史海撷英

历代评论郑谷

郑谷诗名盛于唐末，号《云台编》，而世俗但称其官，为"郑都官诗"。其诗极有意思，亦多佳句，但其格不甚高。以易其晓，人家多以教小儿，余为儿时犹诵之，今其集不行于世矣。（宋·欧阳修《六一诗话》）

谷诗清婉明白，不俚而切，为薛能、李频所赏。（元·辛文房《唐才子传》卷九）

郑都官诗非不尖鲜，无奈骨体太孱，以其近人，宋初家户习之。（明·胡震亨《唐音癸签》卷八）

郑守愚声调悲凉，吟来可念，岂特为《鹧鸪着》一首，始享不朽之名？（清·薛雪《一瓢诗话》）

□文苑拾萃

耕叟

（唐）齐己

春风吹蓑衣，暮雨滴箬笠。
夫妇耕共劳，儿孙饥对泣。
田园高且瘦，赋税重复急。
官仓鼠雀群，共待新租入。

白居易巫山不留诗

白居易（772—846），汉族。字乐天，晚年又号香山居士。河南新郑（今郑州新郑）人。我国唐代伟大的现实主义诗人，中国文学史上负有盛名且影响深远的诗人和文学家。他的诗歌题材广泛，形式多样，语言平易通俗，有"诗魔"和"诗王"之称。官至翰林学士、左赞善大夫。有《白氏长庆集》传世，代表诗作有《长恨歌》《卖炭翁》《琵琶行》等。与元稹共同发起了"新乐府运动"，世称"元白"。

白居易是唐代著名的诗人。他自小聪明过人，出生刚刚六七个月，就能辨认"之""无"两个字，到了五六岁时就已经开始学写诗了。他自幼虚心好学，一有机会便向旁人求教，反复修改自己的诗作。十五六岁时，父亲白季庚在徐州做官，便让白居易到京城长安去见见世面，结交一些名人。

那时候，正是朱泚叛乱之后，长安城遭到了很大的破坏。尤其是连年战争，到处闹粮荒，长安米价飞涨，百姓的日子很不好过。

当时，长安有位文学家名叫顾况，正在吏部担任著作郎，很有才气，但脾气高傲，遇到后生晚辈更是常常倚老卖老，不屑一顾。白居易听到顾况的名气，为了提高自己的写诗水平，便带了几篇诗稿去顾况家里请教。

顾况听说白居易也是个官家子弟，不好不接待。白居易拜见了顾况，送上自己的名帖和诗卷。

顾况瞅了瞅年轻的白居易，又看了看名帖，看到"居易"两个字，皱起眉头打趣刁难说："近来长安米价很贵，只怕居住很不容易呢！"言外之意就是，没有本事的人在京城里是很难站住脚的。

白居易被顾况莫名其妙地数落了几句，也不在意，只是恭恭敬敬地走上前来，恳请顾况为他的诗作做一下指点。顾况拿起诗卷随手翻着，他的手忽然停了下来，眼睛盯着诗卷，轻轻地吟诵起来：

离离原上草，一岁一枯荣。
野火烧不尽，春风吹又生。
远芳侵古道，晴翠接荒城。
又送王孙去，萋萋满别情。

顾况读到这里，脸上露出兴奋的神色，马上站起来，紧紧拉住白居易的手，连忙热情地说："太好了！能够写出这样的好诗，住在长安也不难了。刚才跟你开个玩笑，请别见怪。"白居易谦虚地说："承蒙夸奖，我会更努力地写诗！"

白居易的诗能够受到顾况的称赞并非偶然。当他还是孩童时，就对写诗发生了浓厚的兴趣。他白天写诗、作文，晚上挑灯苦读，几乎到了废寝忘食的地步。由于念书、吟诗太勤，口舌上经常生出疮来，又因终日伏案疾写，臂肘也磨出了硬茧。经过长期不懈的努力，白居易的诗写得越来越好。但每作完一首诗，他仍要反复地修改，不仅自己修改，还请朋友们评点，提出修改意见。有时他还把自己写的诗念给不识字的老

太太听，老太太听懂了，他就十分高兴；如果听不懂，就会立即修改，一直改到她们听懂才罢休。

就这样，白居易将众人的智慧全都凝聚在了诗中，所以他的诗作通俗易懂，流传至今，成了诗歌史上的杰作。而他谦虚好学的精神也同他的诗一起流芳百世，成为众人学习的楷模。

宝历初年（825年），白居易赴苏州刺史任上，乘船经过白帝城巫山时，当地一位读书人给他送来了一首诗："忠州刺史今才子，行过巫山必有诗。为报高唐神女道，速排云雨候清辞。"意思是请白居易为这座充满神话的巫山留下佳作。第二天，白居易便把这位读书人请到船上，十分诚恳地说："刘禹锡当年治理白帝城三年，想写诗，但怯而不为，后罢郡经过，'悉去千余诗，但留四章，乃古今绝唱也'，'首为沈佺期，次王无竞、皇甫冉、李端'。今天我就不献丑了！"

白居易终于一个字没留就离开了。

■故事感悟

只有谦虚，才能让人增长知识，才能赢得别人的尊敬，白居易虚心求教的故事正说明了这一点。正如老一辈无产阶级革命家毛泽东所说："谦虚使人进步，骄傲使人落后。"

■文苑拾萃

巫山高

（唐）沈佺期

巫山高不极，合沓状奇新。

暗谷疑风雨，阴崖若鬼神。
月明三峡曙，潮满九江春。
为问阳台客，应知入梦人。

巫山高

（唐）王无竞

神女向高唐，巫山下夕阳。
徘徊作行雨，婉娈逐荆王。
电影江前落，雷声峡外长。
霁云无处所，台馆晓苍苍。

巫山峡

（唐）皇甫冉

巫峡见巴东，迢迢出半空。
云藏神女馆，雨到楚王宫。
朝暮泉声落，寒喧树色同。
清猿不可听，偏在九秋中。

巫山高

（唐）李端

巫山十二峰，皆在碧虚中。
回合云藏日，霏微雨带风。
猿声寒过水，树色暮连空。
愁向高唐望，清秋见楚宫。

李谟虚心求教成"神笛手"

李谟（生卒年不详），盛唐乐人，擅吹笛。原为长安市井少年，因翻奏宫中新曲而著称于时，乃召入宫廷。"安史之乱"后流落江东，越州刺史皇甫政设宴，召为乐师。

唐开元年间，长安有位著名的笛子演奏家李谟，曾拜西域龟兹（今新疆库车）乐师学笛，技艺不凡。每每吹奏，听者数百人，无不拍手叫绝。

这年正月十四，夜深人静，皓月如洗，玄宗皇帝在上阳宫吹奏自己的新曲，满心欢喜，竟忘归寝。

第二天晚上，元宵之夜，玄宗皇帝换了一身百姓服装出宫观灯，行至一座酒楼下，忽听楼上传来悠扬婉转的笛声。

仔细辨之，玄宗不由一惊：此曲正是自己昨夜所奏新曲《紫云回》，如何今日便已传入民间，而且吹得这般纯熟？此人从何得知？玄宗便悄悄派人找来吹笛者，他打量着眼前这位眉清目秀、相貌不凡的少年笛手，问道："你是何人，方才吹奏的《紫云回》之曲从何而来？"吹笛少年答道："我乃李谟，家住东城，昨晚我在宫墙外的天津桥上赏月，听见宫中有人正吹此曲，我便在桥上插下小棍，记下了乐谱。后又吹奏练习，不到天明就吹熟了。"玄宗说："你当我的面再奏一遍！"

李谟镇定自若，照原曲又奏一次，不仅吹得熟练而且技法得当，音色悦耳。玄宗皇帝精通音律，见李谟年少但确实是奇才，他问李谟："你拜师于何人？"李谟答："龟兹乐师教之。"玄宗即刻将他留入宫中，担任宫廷乐队的首席横笛。

李谟留在宫中，深受玄宗的赏识。那时，宜春院的歌女许和子歌喉婉转，玄宗便叫李谟单独为她伴奏。那笛声和歌声浑然一体，音色和谐。从此，李谟名声大震，不觉飘飘然起来，自认为技艺天下无敌。

有一年，李谟因事到达越州（今浙江绍兴）。那里有几个刚考取进士的读书人，慕名邀请他到当地名胜镜湖上泛舟吹笛。船到湖心，李谟在众人的请求之下，吹奏起来。

李谟捧笛横吹，笛声初发，好似风云齐开，水明林秀，上下澄碧，有如仙乐！悠扬清脆的笛声在湖面飘荡，吸引了不少游客。一曲刚罢，船上的宾客齐齐惊诧赞叹，纷纷吹捧："就是敬天神乐也无如此神韵啊！"应大家请求，李谟又吹了一首《凉州曲》。曲终，又赢得了满座的喝彩。可是，唯有一位名独孤生的老者却无动于衷，一言不发。李谟不悦，认为他看不起自己，便上前说道："老先生，请指教。"老者说："请你再奏一遍《凉州曲》。"李谟心想：这老头久居农村，可能不懂音乐。他赌气又吹了一遍，老人微笑着说："你吹得还不错，但笛声中杂有西域人声调，大概你跟龟兹人学过艺吧？"

李谟大惊："老先生说对了，从前我的老师正是西域龟兹人。"老人又说："还有，第十三段，吹错了调，你注意了没有？"李谟立即起拜

道:"老先生神绝,小辈无自知之明,本师虽是龟兹人,可我并不觉得笛音带龟兹腔调。十三段的错误,我更不清楚了,请您指教。"独孤生伸手取笛欲吹,李谟连忙更换一笛,用袖拂试后递给独孤生。独孤生接过一看:"此笛不堪使用,使用它只是粗通吹笛的人。"李谟赶忙将他最好的一支紫烟竹笛擦净,双手奉给独孤生。老人看了看这支紫烟竹笛子道:"此笛也不好,吹到转调之处,怕经不起振动而破裂,怕是你会舍不得吧?"

李谟说:"不怕!"老人便吹奏起来,这笛声时而悠扬婉转,时而响彻云霄,比起李谟来,不知高明多少。

船上的人一个个听得目瞪口呆,李谟更是面带愧色,恭敬不安地立在那里不敢动。吹到第十三段时,独孤生停了下来,向李谟讲解他刚才吹的谬误所在。李谟完全敬服了,连连拜谢。当他吹到入声调时,乐曲转入快速高音区,只听"啪"的一声,笛子果然破裂了,因此未能曲终。李谟佩服得五体投地,再三拜谢老人的指点。

原来,老者独孤生是早年从龟兹来中原的西域艺人,后来隐居江南一带。第二天,李谟专门前去寻访时,老者独孤生已不见了。从此,李谟谦虚谨慎,练笛更加刻苦,技艺更加精湛,终于获得了"神笛手"之称誉。

■故事感悟

所谓"人外有人,天外有天",人若是骄傲自满就会如井底之蛙,安于现状而止步不前。李谟正是认识到这点,羞耻于以前的自大,虚心请教老人,并在吹笛生涯中一直保持谦虚谨慎的态度,才最终使自己的技艺更加精湛。这种谦虚的精神,正是当代青少年需要继承并学习的。

唐代宫廷乐人

宫廷乐人是宫廷音乐活动的主体。唐代宫廷乐人的数量很多,据《新唐书》卷二十一《礼乐十二》记载:"唐之盛时,凡乐人、音声人、太常杂户子弟隶太常及鼓吹署,皆番上,总号音声人,至数万人。"但是在今存的文献中,有关乐人的记载却很少。究其原因,可能是因为乐人身份低微,极少有"名垂青史"的资格,因此也只能在文献中寻得一点蛛丝马迹了。但能得文人只言片句记载的乐人,便都算得上是乐人中的佼佼者了。

唐代宫廷的音乐机构主要有太常寺、教坊、梨园等。

太常寺主要负责祭祀仪式音乐,兼有娱乐性音乐表演。初唐时期,太常寺乐户的数量很多,唐李峤的《上中宗书》中载:"又太常乐户已多,复求访散乐,独持鼓者已二万员,愿量留之,馀勒还籍,以杜妄费。"此后,太常乐人的数量有所减少,但仍然保持着相当的规模。但今可考者,却不过十数人而已。

教坊设立于开元二年。《新唐书》卷四十八《百官三·太常寺·太乐署》中记载:开元二年,又置内教坊于蓬莱宫侧,有音声博士、第一曹博士、第二曹博士。京都置左右教坊,掌俳优杂技。自是不隶太常,以中官为教坊使。可见,教坊主掌着宫中的娱乐音乐,乐种最为丰富,知名乐人也最多。

梨园是因设在当时长安禁苑附近的"梨园"而得名。"开元二年,上以天下无事,听政之暇,于梨园自教法曲,必尽其妙,谓皇帝梨园弟子。"梨园弟子都是从太常乐工中精选出来的,有几百人之众,可谓阵容庞大。

第四篇
自谦戒骄美德受赞

孔子"破满"以物喻人

仲由(公元前542—前480)，字子路，又字季路。春秋末鲁国卞(今山东泗水县泉林镇卞桥)人。孔子的得意门生之一。以政事见称。性格爽直率真，有勇力才艺，敢于批评孔子。孔子了解其为人，对其评价很高，认为可备大臣之数，"千乘之国可使治其赋"，并说他使自己"恶言不闻于耳"。做事果断，信守诺言，勇于进取，曾任卫蒲邑大夫、季氏家宰，是孔子"堕三都"之举的最主要合作者之一。

有一天，孔子带着弟子子路去周代的祖庙参观，看到一个制作巧妙的陶器，就问看庙的人："这叫什么陶器呀？"

看庙的人回答说："这大概就是'破满'吧。"

孔子说："我听说过，这个被名为'破满'的陶器，装满水，它就翻倒；空着，它就歪在那里；只有把水装得正好，它才立着，是这样的吗？"

看庙的人回答说："是的，正像你说的那样。"

为了弄清真相，孔子就让子路取水来试一试。子路取水来试了一

下，果然如孔子说的那样：装满水，它就歪倒在地上；空着不装水，它就躺在那里，立不起来；只有水装得适中，不多不少，它才能直立起来。实验完了，孔子长叹一声，说："唉！哪有满了不倒的呢！"

子路看明白了这个"破满"，又问孔子说："老师，您说要保持不倒，有办法吗？"

孔子回答说："保持满而不倒的好办法就是要抑制、减少水，让它不满，它才不倒。"

子路又问："要怎样才能抑制减少呢？"

孔子回答说："德高望重的人，就要谦虚恭敬而有礼貌；拥有大量财产的人，就要勤俭节约而不奢侈；官大俸禄愈多的人，就要愈保持有所畏惧的态度；见多识广的人，就要保持浅薄无知的样子，倾听别人的意见。这样做，我想就可以抑制减少'满'的倾覆了。"

孔子以物喻人，指出抑制自满的办法，就是要谦虚，以礼待人。孔子不但这样教育学生，还为人师表，亲自去实践。

有一次，孔子问子贡说："你与颜回比较起来，谁更好？"

子贡回答说："我怎么敢比颜回呢！颜回听到一点，就懂得十点；而我听到一点，只能懂得两点。"

孔子说："不如颜回啊，我和你都不如颜回啊！"（颜回也和子贡一样，是孔子的学生。）

"三人行，必有我师焉。"孔子的这句至理名言，就是孔子谦虚精神的写照。

■故事感悟

如果说谦虚是前进的助推器，那自满则是进步的绊脚石，毛泽东主席说过，"学习的敌人是自己的满足，要认真学习一点东西，必须从不自满开始"。青少年朋友一定要像孔子一样，破除自满，保持谦虚的精神，才能获得更多的知识。

■史海撷英

仲由路边难师

据《史记》记载，有一次，孔子师生一行数人到卞国的都城（今泗水之卞桥）东边游玩，走到仲村时感到口渴，就向正在提水的仲由讨水喝。仲由说："要喝水，先认一字。如果不识此字，须叫我三声老师。"孔子不以为然，满口答应。只见仲由将扁担在井口中央一放，站在井边一动不动，说："这字念什么？"孔子师徒围着水井面面相觑，不得其解。

仲由说："井口加一竖是中，旁有一人是仲。"满腹经纶的孔子被这样一个少年难住，不禁叹曰："神童仲子，乃我师也。"这句话一说出来，仲由连忙跪下说："仲由有罪，本想与您开个玩笑，没想您却当真了，请受我三拜。"孔子扶起仲由，说："仲子路边难师，实为奇事，你就取字'子路'吧。"

房玄龄一生谦和

房玄龄（579—648），名乔，字玄龄。齐州临淄（今山东省淄博市）人。幼聪敏，博览经史，工草隶，善属文。为唐朝开国宰相。18岁时举本州进士，隋末投李世民，成为秦王府的重要谋士。唐武德九年（626年）参与策划"玄武门之变"。贞观之前，他协助李世民经营四方，夺取皇位；贞观中，他辅佐太宗掌政务20年，参与制定典章制度，主持律令、格敕的修订，还参与修唐礼。他善于识人用人，不求全责备，随材授任；恪尽职守，不自居功。后世合称他与杜如晦为"房杜"，有"房谋杜断"之誉。

房玄龄身处宰相职位能够一直得到皇上的信任，在大臣中有极高的威信，是因为他坚持忠于皇上、忠于国家，为人谦和的处事原则。

宰相，身处一人之下，万人之上。宰相的职责是辅佐天子协理国事，选拔人才。宰相之下是群臣和天下百姓，而在宰相之上就是一国之君。所以处理好上下级之间的关系，对于宰相来说非常重要。房玄龄凭借自己忠诚谦和的个性，很好地平衡了这一关系。但是，如果身为宰相，过度表现自己，必然会引来皇帝的猜疑，认为宰相要夺权篡位，从而引出杀身之祸。但是，身在相位，却拿不出相应的作为，也很难让皇帝信服。所以既要展示出自己的才能，又要取信于皇上，这就需要两者兼顾。既要让皇上知道自己的本领，又要让他放心，身为一朝之相不会对皇上构成威胁。

当然，唐太宗对房玄龄的信任也不是凭空而来的，房玄龄虽不如魏征那样敢于直言进谏，但他觉得皇帝言行上有不当之处时，也会在唐太宗面前直言不讳地说出自己的看法。房玄龄进谏的方式和魏征不同。魏征发现唐太宗的过失是不留情面地提出意见，好在唐太宗是个知好歹识大体的人，又有反思能力，所以成就了魏征的直名。而房玄龄进谏，总是注意方式方法，给唐太宗留面子，和风细雨委婉说理，既说明了道理，又合乎人情，因此效果就分外好，唐太宗对房玄龄可以说是言听计从。

贞观十七年（643年）的一天，唐太宗突然问周围的大臣们：自古至今，得天下以后的皇帝们，当子孙们开始执政的时候，多数就开始天下大乱了，这是为什么？房玄龄在一边回答道：那是因为开国之君是在沙场上赢得国家的，但赢得国家后，年轻的国君是生长在平安的环境里，在深宫之内享受着荣华富贵，又没有机会接触深宫以外的世界，体会不到人民的疾苦，自然久而久之就丢弃了原来的治国方针。房玄龄说这句话的用意，在于告诫唐太宗不能够过分溺爱子孙，要给他们以适当的锻炼，避免因子孙荒淫无度而误国。

房玄龄十分注意自己的劝谏方式，不会全面否定皇上的意思，但会巧妙地表达自己的思想。贞观二十一年（647年），唐太宗准备任命李纬为户部尚书，派人去征求房玄龄的意见，房玄龄没有表示明确的态度，只是说："李纬长得是一副好胡子呀。"唐太宗与房玄龄相处甚久，自然明白房玄龄说此人没有什么真才实学，于是没有提拔李纬

官。房玄龄并没有当面否定唐太宗要提拔李纬的想法，而是在话语中巧妙地带出了自己的想法，既说出了自己的想法，又没有在颜面上对皇帝造成影响。

从贞观十六年（642年）到贞观二十二年，唐太宗对高丽发动了多次战争。战争不仅给国家带来了很大的负担，还给人民生活带来很多的灾难，对国家军事力量的消耗更是严重。其中在贞观十九年的一次战役中，仅战马就死掉了一大部分，可见这场战争给国家带来的损失和负担。房玄龄不赞同消耗国力、民力对外用兵。

贞观二十二年（648年），房玄龄已重病缠身，但当他听到唐太宗打算再次东征的消息时，他对儿子说："如今国家刚刚稳定下来，各项事业都在顺利地进行，应该注意国家的发展，而不要把精力放在讨伐东边的高丽国这件事上。那是劳民伤财，对国家有百害而无一利的事情，这将要成为国家的最大的祸患。皇帝含怒下了决心，下面的臣子们都因惧怕皇帝而不敢进言，我如果知道不说，就会含恨入土，死不瞑目的。"于是在唐太宗出征前，他不顾重病，抱病写了《谏伐高丽表》，文章言辞恳切，将讨伐高丽国的弊端一一写出，劝皇上不要因为一时之气，不顾百姓安危而出兵征讨高丽国，这样做只会失去民心。此表写得诚挚恳切，唐太宗看后十分感动，叹息道："房玄龄病危疲乏到这种程度，还一心忧虑着我们的国家，为国家操劳，能够做到这点，实在是太难得了。"

对上，房玄龄将忠诚放在了第一位；对下，房玄龄为处理好将相大臣同僚之间的关系将谦和放在了第一位。房玄龄与杜如晦之间的深友情，是历代大臣之间非常少见的。两人身为左、右仆射，配合得极好，太宗每次同玄龄谋事，房玄龄一定说："非如晦不能决定。"等到杜如晦来了，用的仍是房玄龄的计策。房玄龄善谋，杜如晦能断，两者合起来，即为完璧，每算不失。虽然因杜如晦病逝，两人只在一起合作了两年，但是两人却一起为唐朝制定了许多典章制度，而且在杜如晦去世后，房玄龄也一直坚持执行两人一起制定的制度，并对其进行了发展。在历史上人们将两人誉为"房杜"，实为胜过"萧曹"的千古名相。

房玄龄对待其他大臣也是一样的谦和，绝不居功自傲，总是给予其他人以最大的支持。《资治通鉴》载，肃宗时修过国史的柳芳评价道：房玄龄辅佐太宗平定天下，一生二十二年都奉献在宰相这个职位上，称得上是天下贤相，但他的成绩却从未见他炫耀。太宗平定国家动乱，而房玄龄、杜如晦不讲自己的功劳。魏征、王珪善于向皇上谏诤言，所以房玄龄、杜如晦就让他们充分发挥自己的才能。英（李勣）、卫（李靖）善于作战带兵，房玄龄、杜如晦就帮助他们发挥所长。

这段记载，将房玄龄谦和大度的行为充分表现出来，其中说房玄龄从不炫耀自己成就的评价最为贴切，表明房玄龄功劳极高，但事事谦退。

"和"是"谦"的前提，只有这样，才可以使群臣信服，树立自己的威信。谦和与大略，既是才能更是气度，这就是房玄龄终身稳居相位的秘诀。

□故事感悟

房玄龄用自己一生的谦和、忠诚、辛劳换得了唐太宗的信赖，为唐朝的昌盛作出了很大的贡献，为人民谋取了幸福。他一生操劳，名垂千古。

■史海撷英

房玄龄对中华文献的贡献

房玄龄对历史和经籍图书进行了系统的整理。由于唐太宗李世民是一位重视历史的皇帝，他有一段名言是："把铜片作为镜子，可以帮助人来整理衣装；用古代的历史经验为借鉴，可以让人明白历史是如何更替的；用别人的行为作为镜子，可以看到自己的优点与不足。"因此，唐太宗一直重视记录历史。重礼人才的唐太宗，还是秦王时就开始云集才子，号曰"秦府十八学士"，而房玄龄为十八学士之首，所以修订史书的重任自然就落到了房玄龄身上。

从贞观三年（629年）起，房玄龄遵从唐太宗的指示，着手开始对两晋、北齐、北周和梁、陈、隋六朝史进行编纂。房玄龄是齐、周、梁、陈、隋五朝史的总监，是《晋书》的监修。五朝史修成于贞观十年（636年），《晋书》最后完稿于贞观二十年（646年）。同时，从贞观三年（629年）起，房玄龄开始对唐国史和实录进行编纂和修订。在对唐国史进行编写时，房玄龄坚持忠于事实的写作手法，将历史上发生的事情按本来的面目写作，不夸张好事，也不掩盖坏事，更不会因为皇帝的喜好而改变历史。

■文苑拾萃

七爱诗·房杜二相国

（唐）皮日休

吾爱房与杜，贫贱共联步。
脱身抛乱世，策杖归真主。
纵横握中算，左右天下务。

肮脏无敌才，磊落不世遇。
美矣名公卿，魁然真宰辅。
黄阁三十年，清风一万古。
巨业照国史，大勋镇王府。
遂使后世民，至今受陶铸。
粤吾少有志，敢躐前贤路。
苟得同其时，愿为执鞭竖。

柳公权拜师无臂汉

柳公权（778—865），字诚悬。唐代著名书法家。京兆华原（今陕西耀县）人。官至太子少师，世称"柳少师"。柳公权书法以楷书著称，其书法成就与颜真卿齐名，人称"颜柳"。他的书法初学王羲之，后来遍观唐代名家书法，认为颜真卿、欧阳询的字最好，便吸取了颜、欧之长，在晋人劲媚和颜书雍容雄浑之间，形成了自己风格的柳体，以骨力劲健见长，后世有"颜筋柳骨"的美誉。他一生作品很多，主要有《大唐回元观钟楼铭》《金刚经刻石》《玄秘塔碑》《冯宿碑》《神策军碑》。另有墨迹《蒙诏帖》《王献之送梨帖跋》。

柳公权小时候字写得并不好，七扭八歪，常常遭到老师的批评和父母的训斥。柳公权是个自尊心很强的孩子，心想：为什么别人能写好，我就写不好？我非得写出个样子给你们看看！

怀着这种心情，柳公权发愤练字。别人玩时，他写字；别人睡觉了，他就着油灯写字；老师留的作业别人写一遍，他写十遍。经过勤奋苦练，柳公权的字写得大有长进，横平竖直，整整齐齐。老师也不再批评他，还经常拿他写的字教训别的孩子："你看，人家柳生写得多好，你们要好好向他学习。"父母看到他的进步也高兴，给他买来最好的笔、最好的墨。

听表扬听得多了，柳公权也觉得自己很了不起。渐渐地，他有些自以为是，以为天下"唯我独尊"了。

有一天，柳公权和几个伙伴玩耍，玩什么呢？这个说捉迷藏，那个说摔跤，柳公权说："玩这些有什么意思？我看不如比赛写字，谁的字写得好，谁就当大将军；谁的字写得不好，谁就当马，让大将军骑。"伙伴们平时很佩服柳公权，就都同意了。

孩子们捡来树枝，每个人找了一块平整的土地，用树枝在上面一笔一划地写起来，大家都写得很认真，因为谁都想当大将军，不愿意当被骑的马。

柳公权的小心眼儿里有数，平日自己的字写得最好，先生总是表扬，当大将军是没有问题的。他第一个写好了八个字，"关关雎鸠，在河之洲"，脸上显露出洋洋得意的神情。这时，从东面走过来一位卖豆腐的老汉，这老汉看出了柳公权的傲气，决定给他泼点儿冷水。他说："让我看看。"他挨个儿看了一遍说："你们的字都不怎么样。"

这对柳公权来说，真如晴天打了个响雷，心想，小时候可能写得不好，但这么多年的苦练后老师对自己的字都赞叹不已，这老汉何出此言！他又追问："我的字到底怎么样？""也不好。你的字就像我担子里的豆腐，软塌塌的，没筋没骨的。"老汉说。

柳公权一听老汉的评价，马上不服气地说："我的字不好，那么请你写几个让我瞧瞧！"老汉笑道："我一个卖豆腐的，你跟我比有什么出息？华原城里有一个用脚写字的人，比你用手写的强好几倍呢！如果不服气，你去瞧瞧吧。"

第二天一早，柳公权带着满肚委屈和狐疑赶到华原城。到了城里一打

听就找到了。只见在不远处一棵大树上，挂着一块白布，上面写着"字画汤"三个苍劲有力的大字。树底下，许多人正围在一起低头看着地下。柳公权急忙跑过去一看：只见地上坐着一位又黑又瘦的老人，他的面前铺着一张纸。老人没有双臂，他用左脚压着一边，用右脚的拇指和二拇指夹住毛笔，脚腕一伸一屈、一抖一收，挥洒自如地写着。一眨眼的工夫，一排遒劲的大字便出现在人们的眼前，人群立刻爆发出一阵喝采声。

柳公权都看呆了，真是不看不知道，山外有山，天外有天啊！自己有完整的手臂，还赶不上人家用脚写的，还骄傲自满，自以为天下第一了，太惭愧了。

想到这里，柳公权来到无臂老人面前，双膝跪地，说道："先生，请受弟子一拜，请您教我写字吧。"

"字画汤"吓了一跳，问道："你这话是从何说起？"

"我自幼喜欢写字，有了一点进步，受到老师和乡邻的夸赞便自以为了不起，沾沾自喜，傲视别人。今天见到您写的字，才知道山外有山、天外有天，自己实在浅薄可笑。我要拜您为师，请您无论如何收下我这不成器的学生。"柳公权急切地诉说着。

无臂老人连忙推辞道："我是个孤苦的残废人，生来没有手，只好用脚混生活。虽说能写几个字，不过混碗饭吃，实在不敢为人师表啊！"

柳公权说："请您不要推辞了，您不收下我，我就不起来！"这老者见他言辞恳切，心里一动，说道："你要实在想学，那就照着这首诗练下去吧。"说罢，老人又用脚铺开一张纸，挥毫写下一首诗：

> 写尽八缸水，墨染涝池黑，
> 博取众家长，始得龙凤飞。

这首诗是无臂老人一生练字的真实写照。意思是说练字的辛苦，练字的工夫，用尽了八缸水，染黑了涝池水，博取众家之长，虚心学习，才有今天这苍劲有力的龙飞凤舞。

柳公权是个聪明人，早已领略了这诗中的寓意，他不但懂得了写字必须勤写勤练，虚心学习，更懂得了做人亦不能恃才傲物，否则将一事无成。

他怀着不可名状的感激之情，接过了老人的诗，急切又羞愧地回了家。从此以后，他不再在人前炫耀自己，每日挥毫泼墨，练笔不止，悉心研究揣摩名人字帖，经常登门拜访当时的书法名家，向他们虚心求教。他还时常请同学、亲友、陌生人指出自己书法上的不足之处，终于成为流传千古的大书法家。

■故事感悟

看到这个故事，使我们感到：自大是一种浅薄的表现。当有一滴水时，你应该呼唤大海；当有一粒沙时，你应该想到高山。当你自大时，正是你渺小的时刻；当你自以为渺小时，正是你走向高大的开始。

■史海撷英

柳公权忠正直谏

柳公权历事唐代穆宗、敬宗、文宗三朝。

有一次，唐文宗在便殿上召见六位学士。文宗说起汉文帝的节俭，便举起自己的衣袖说："这件衣服已经洗过三次了。"学士们都纷纷颂扬文宗节俭，只有柳公权闭口不说话，文宗便问他为什么不说话，柳公权回答说："君主的大节，应该注意起用贤良的人才，黜退那些不正派的佞臣，听取忠言劝诫，赏罚分明。至于穿洗过的衣服，那只不过是小节，无足轻重。"

见柳公权很有胆识，文宗对他说："我深知你这个舍人之官不应降为谏议，但因你有谏臣风度，那就任你为谏议大夫吧。"第二天下旨，任柳公权为谏议大夫兼知制诰，学士衔仍旧。开成三年，调转为工部侍郎，但只是备员。

唐文宗曾召柳公权问事，问道："近来外边有什么议论？"柳公权回答说："自从郭旼被任为邠宁节度使，人们议论纷纷，有的说好，有的说不好。"文宗说："郭旼是尚父郭子仪的侄子，太皇太后的叔父，在职也没有过错。从金吾大将升任小小的邠宁节度使，还议论什么呢？"柳公权说："凭郭旼的功绩和品德，任命为节度使是合适的。人们议论的原因，据说是郭旼把两个女儿献入官中，因此才升官，这是真的吗？"文宗说："他的两个女儿进宫，是来看望太后的，并不是他进献女儿。"柳公权说："常言说，瓜田不拾履，李下不整冠。若没有嫌疑，为什么这事嚷得家喻户晓？"接着，他举出王圭劝太宗送庐江王妃出宫的事例来说明利害，文宗当即命令将郭旼的两个女儿送回家。

■文苑拾萃

应制贺边军支春衣

（唐）柳公权

去岁虽无战，今年未得归。
皇恩何以报，春日得春衣。
挟纩非真纩，分衣是假衣。
从今貔武士，不惮戍金微。

钱钟书治学谦逊

钱钟书（1910—1998），原名仰先，又字哲良，字默存，号槐聚，曾用笔名中书君。中国现代著名作家、文学研究家。曾为《毛泽东选集》英文版翻译小组成员。晚年就职于中国社会科学院，任副院长。书评家夏志清先生认为小说《围城》是"中国近代文学中最有趣、最用心经营的小说，可能是最伟大的一部"。钱钟书在文学、国故、比较文学、文化批评等领域的成就，推崇者甚至冠以"钱学"。代表作品有《围城》《管锥编》《谈艺录》《写在人生边上》等。

钱钟书先生一生致力于文学批评。在文学批评上，他始终都抱着一种怀疑的态度，对名家名作也不放弃，以至于有人说：能受钱钟书的肯定是件很不容易的事，钱钟书也因此落了一个傲慢的名声。然而，钱钟书真如人们所说的那样狂傲吗？从钱钟书先生的一篇演讲《诗可以怨》中，我们可以看出钱钟书不仅不傲慢，还是个十分谦虚的人。

《诗可以怨》是1980年11月20日钱钟书先生访问日本时，在早稻田大学文学教授恳谈会上做的一个演讲，恳谈会面对的对象是日本汉学

界的一些专家、文学教授。以钱钟书对汉学的造诣、胆识，可以说台下的听众没有一人比得上他，但他在做演讲时，一开头就表现得非常谦虚。

他说："我是个日语的文盲，面对贵国'汉学'或'支那学'研究的丰富宝库，我就像一个既不懂号码锁、又没有开撬工具的穷光棍，瞧着大保险箱，只好眼睁睁地发愣。但是，盲目无知往往是勇气的源泉。"接着，他又讲了一个意大利的"他发明了雨伞"的笑话。

这个笑话是说：有一个从穷乡僻壤来的乡下人，一天有事出门，路上突然下雨，他碰巧拿着一根棍子和一块布，人急智生，用棍子撑了布，遮住头顶，到家居然没被淋成落汤鸡。他自我欣赏之余，便觉得对人类作出了贡献，应该公诸于世。他听说城里有个"发明品专利局"，就兴冲冲地拿着棍子和布赶到城里，到局里去报告和表演他的新发明。专利局的职员听后哈哈大笑，拿出一把雨伞来，让他看了个仔细。

钱钟书讲这个笑话的意思，是向同行表明在学术上应保持谦虚谨慎的态度，是说自己就有点像那个孤陋寡闻的意大利乡巴佬一样，没有见过雨伞，今天拿着棍子和布，是向诸位来求教了。

钱钟书的演讲一开头就表现出了他在文学批评上的谦逊态度。钱钟书不仅是个学者，还是个诗人，作为诗人的胡乔木就非常尊重他，每每发表诗词之前都要请钱老斟酌修改。

旧体诗词很难学，因为它不仅有格律的束缚，还需要激情、襟抱和博学多识，甚至还需要天分，因此闻一多先生有着"戴着镣铐跳舞"的感慨。郭沫若曾说过：旧体诗词里的学问无止境。而要写旧体诗成家，那简直就是难上加难。

钱老为胡乔木改完诗后，曾复函云："尊诗情挚意深，且有警句；惟意有未达，字有未稳。君于修词最讲究，故即（以）君之道律君之作。

原则是：尽可能遵守而利用旧诗格律；求能达尊意而仍涵蕴，用比兴，不浅露，不乖'风人'之旨；无闲字闲句（此点原作已做到，现只加以推敲）。"胡乔木堪称诗词家，毛泽东曾对他的词"再三悉心修改"，甚至"终日把玩推敲"，钱老也是大家，他的观点和评价及对诗词创作原则的把握也是很恰当的。

然而，钱钟书先生为胡乔木改诗，后又致函："……僭改的好多不合适，现在读您来信，更明白了。我只能充个'文士'，目光限于雕章琢句，您是'志士仁人'而兼思想家。"在钱钟书看来，有的诗词是不能用"雕章琢句"去"僭改"和评论的。

钱钟书在与文坛后辈的交往中也表现得十分谦逊。

有一次，一位名吴庚舜的年轻人写了一篇关于白居易《长恨歌》的论文，登门向钱钟书求教。钱钟书给予他热心的帮助，并且对这篇论文一字一句地斟酌修改。

文章发表前，这位年轻人有些过意不去，便坚持要钱钟书先生一同署名。钱先生不同意。在年轻人的一再央求下，钱先生才勉强同意署上一个"郑辛禹"的笔名。

关于这个笔名，钱钟书先生也是动了一番脑筋的。在《百家姓》当中，"郑"位于"吴"之后；天干中"辛"位于"庚"之后；古代圣贤"尧舜禹"三人，"禹"在"舜"之后。如此三个"之后"，可以看出钱钟书先生提携后辈，尽显大学者的谦逊精神与待人诚恳的品格。

在"《围城》热"尚未兴起前，钱钟书的名字并不是妇孺皆知。当时某出版社的编辑考证出了十几篇钱钟书用五花八门的笔名发表的旧文，于是给钱先生写信，详细地罗列了这些文章的出处，请他核准其考证，继而请求将这些篇章结集出版。由于当时钱钟书还不曾声名远播，所以编辑的这一举动少了"畅销"的概念，也就没有传统的文人向来嗤

之以鼻的"铜臭气"，以为出版此作品集志在必得。可惜钱先生很快便复信了，称考证无一有误，不过说到出版就算了，因为那些文章着实令他"汗颜"。

由此可见，钱老谦虚的品德始终如一。

■故事感悟

越是大家越谦虚。钱老认为，过去著作再多，不过"朝花"一场，再来"夕拾"意思不大。放下名利的包袱，不骄不躁，才能创作出更多的作品。

■史海撷英

正直渊博的钱钟书

有一次，黄永玉要写一篇有关"凤凰涅槃"的文字根据，但一点材料也没有。《辞源》《辞海》《中华大辞典》《佛学大辞典》《人民日报》资料室，北京城的民族学院、佛教协会都请教过了，没有！

黄永玉忽然想起钱先生，连忙挂了个电话，钱先生在电话里说：

"这算什么根据？是郭沫若1921年自己编出来的一首诗的题目。三教九流之外的发明，你哪里找去？凤凰跳进火里再生的故事那是有的，古罗马钱币上有过浮雕纹样，也不是罗马的发明，可能是从希腊传过去的故事，说不定和埃及、中国都有点关系……这样吧！你去翻一翻大英百科……啊！不！你去翻翻中文本的简明不列颠百科全书，在第三本里可以找得到。"结果黄永玉马上找到，解决了所有的问题。

戴嵩画牛细观察

戴嵩(生卒年不详)，唐代画家。韩滉弟子，韩滉镇守浙西时，戴嵩为巡官。他擅画田家、川原之景，画水牛尤为著名，后人谓得"野性筋骨之妙"。相传曾画饮水之牛，水中倒影，唇鼻相连，可见观察之精微。明代李日华评其画道："固知象物者不在工谨，贯得其神而捷取之耳。"与韩干之画马，并称为"韩马戴牛"。传世作品有《斗牛图》。

在唐代的画家中，有两位是以画马或牛出名的。韩干以画马闻名遐迩，戴嵩则以画牛而美名远扬，在我国绘画史上，两人被并称为"韩马戴牛"。

戴嵩出生在一个文化气息浓厚的家庭里，从小喜欢读书画画。

有一天，父亲的一位朋友特意来戴家，说："听说戴嵩贤侄的画不错，我想请他画一幅，回去挂在厅堂上，不知贤侄肯赏脸吗？"父亲说："您太客气了。"于是唤戴嵩进来，命他当场画画。戴嵩最喜欢画牛，见父亲吩咐，马上磨了墨，运笔自如地画了起来。

不一会儿，戴嵩就画好了，对客人说："请老伯赐教小侄。"话是这么说，心里却想：你绝对找不出什么毛病来的！

客人过来看，只见纸上画着两头牛在山坡上抵角相斗，尾巴左右摆

动着，题的字是《斗牛图》。果然，客人不但找不出毛病，还十分满意地说画得太好了。

当戴嵩和父亲送客人出村时，迎面碰见一个放牛娃，挥着鞭子在驱赶牛群。客人对放牛娃说："戴嵩画的牛，比你放的牛剽悍强壮，不信比一比！"说着就把画展开，让放牛娃看。

谁知，放牛娃看了画忍不住哈哈大笑起来，笑得戴嵩怔住了。

过了一会儿，戴嵩缓过神来，质问放牛娃："你傻乎乎地笑什么？难道你也会画画，而且比我画得还好吗？"

"哪里哪里！我只是个放牛的，对画画一窍不通。"放牛娃一边笑一边说，"可我对牛是再熟悉不过了，我是笑你画的牛尾巴，哈哈哈……"

"牛尾巴？牛尾巴怎么了？"

"这画上画的是两牛相斗。牛斗架的时候，全身的力气都使在牛角上，一定把尾巴紧紧地夹在大腿中间，力气再大的人也没有办法把它拉出来。可是，你画的牛尾巴却在左右摇摆，哈哈哈……"

戴嵩的脸"刷"地红了。

放牛娃的话使戴嵩的头脑清醒了许多，心想，不能再骄傲自满、固步自封了。从这天起，他经常去仔细观察牛的各种神态，向放牛娃了解牛的生活习性。春夏秋冬四季，戴嵩总是常常出没在放牛的地方。

戴嵩画牛，越画越好了。这时母亲见他因经常出去观察牛，晒得脸蛋儿变黑了，人也消瘦了，就心疼地说："你现在画得很不错啦，以后不必再去观察牛了吧。"

戴嵩回答说："还差得远呢。"便仍继续去观察牛。

正因为戴嵩有"差得远"的想法，才使他的画技越来越接近艺术的巅峰。

后来，戴嵩又画了一幅《斗牛图》，这次他获得了巨大的成功。这幅《斗牛图》（现藏于中国台北"故宫博物院"）成为流芳百世的名画，戴嵩也终成为画牛的名家。

■故事感悟

所谓"三人行，必有我师焉"，戴嵩正是虚心听取了放牛娃的意见，才从骄傲自满里清醒过来，时刻有"差得远"的想法，认真观察，虚心请教，最终成为画牛名家。

■史海撷英

爱画牛的画家

韩滉（723—787），唐代画家。字太冲，长安（今陕西西安）人。韩滉画牛之精妙乃为中国绘画史千载传誉之佳话：古人说韩滉画牛"落笔绝人"；对于其牛畜画，南宋陆游赞曰："每见村童牧牛于风林烟草之间，便觉身在图画，起辞官归里之望。"赵孟頫称其为"稀世名笔"，金农叹为"神物"；又有清代画家钱维成将韩滉与韩干并称为"牛马专家"。《五牛图》是韩滉在牛畜画方面巨大成就的最有力的证明。

李可染（1907—1989），中国现代著名国画大师，酷爱画牛，笔下敦厚勤劳的耕牛与天真活泼的牧童，相映成趣，诗情画意，跃然纸上。他不只画牛寄托情思，还以牛为师。他的画室名为"师牛堂"，又有"师牛""师牛堂""孺子牛"诸印，以示其志。他晚年画的《五牛图》上有题句：牛也，力大无穷，俯首孺子而不逞强。吃草挤奶，终生劳瘁事农而不居功。纯良温驯，时亦强犟。稳步向前，足不踏空。皮毛骨角，无不有用。形容无华，气宇轩昂。吾宗其性，爱其形。帮屡屡不厌写之。这正是李可染为何画牛、师牛、"甘心做牛"的肺腑之言。